云南史话

世居少数民族系列

云南省社会科学界联合会 组编

普米族史话

熊德鼎　编著

雲南人民出版社

图书在版编目（CIP）数据

普米族史话 / 熊德鼎编著 . -- 昆明 : 云南人民出版社 , 2023.12

（云南史话 . 世居少数民族系列）

ISBN 978-7-222-21490-3

Ⅰ . ①普… Ⅱ . ①熊… Ⅲ . ①普米族 - 民族历史 - 云南 Ⅳ . ① K286.6

中国国家版本馆 CIP 数据核字 (2023) 第 151789 号

责任编辑：梁　爽
责任校对：董　毅
责任印制：代隆参
装帧设计：郑　治

普米族史话
PUMIZU SHIHUA
熊德鼎　编著

出　版　云南人民出版社
发　行　云南人民出版社
社　址　昆明市环城西路 609 号
邮　编　650034
网　址　www.ynpph.com.cn
E-mail　ynrms@sina.com
开　本　720mm × 1010mm　1/32
印　张　7.125
字　数　100 千
版　次　2023 年 12 月第 1 版第 1 次印刷
印　刷　云南速盈印刷有限公司
书　号　ISBN 978-7-222-21490-3
定　价　36.00 元

如需购买图书、反馈意见，请与我社联系
总编室：0871-64109126　发行部：0871-64108507
审校部：0871-64164626　印制部：0871-64191534

云南人民出版社微信公众号

总 序

七彩云南，气象万千。

这里东连黔桂，西邻缅甸，北靠川渝，南接越南、老挝，是祖国大陆通往南亚东南亚、出印度洋的枢纽和大通道。特殊的地理环境，悠久的历史，孕育了云南深厚的文化底蕴，创造了丰富多彩的灿烂文化，让云南成为中华文化同南亚次大陆文化、东南亚文化交汇的区域，是文化交汇、融合、多样性的现代范本。

这里山川纵横。横断山、哀牢山、无量山、云岭、乌蒙山等山系支撑起祖国西南辽阔的天空。这里碧水荡漾。滇池、洱海、抚仙湖、程海、泸沽湖、杞麓湖、异龙湖、星云湖、阳宗海等湖泊，像一颗颗璀璨的明珠，镶嵌在云南高原上。这里江河澎湃。金沙江、澜沧江、怒江、红河、珠江、伊洛瓦底江等六大水系连通各民族共同的家园。这里是植物王国、动物王国、有色金属王国；这里气候温和、四季如春，是世界花园。

这里历史悠久。元谋人从距今约170万年前的远古走来。战国中晚期庄蹻入滇，第一次连接了楚文化与滇文化。秦开五尺道、汉习楼船，云南正式纳入祖国版图。唐宋时期，南诏、大理国文化彪炳史册。元初正式建立行省。明清时期，云南经济社会得到长足发展。20世纪初，云南各族人民打响了护国起义第一枪，巩固了辛亥革命成果。在抗日战争中，几十万云南各族儿女征战沙场，扬我国威。西南联合大学谱写了世界教育史上的奇迹。

在这片红土地上，传承着红色文化基因，走出了王复生、王德三等早期马克思主义播种者，走出了无产阶级军事家罗炳辉，中华人民共和国国歌的作曲者聂耳，马克思主义大众化的中国第一人、中国共产党思想理论战线上的忠诚战士和学者艾思奇。20世纪30年代，毛泽东率领中国工农红军长征过云南，播下了革命火种。20世纪40年代后期，中国共产党领导下的滇桂黔边纵队与中国人民解放军，在极端艰难困苦的条件下英勇作战，迎来了新中国的诞生！

这一切，催生了云南一系列独具特色的历史文化：史前文化、古滇文化、哀牢文化、爨文化、南诏文化、移民文化、护国文化、抗战文化、西南联大文化、红色文化，等等。

这里是民族文化的富集区、民族文化多样性的活态博物馆。25个世居少数民族中有15个特有少数民族。民族文化丰富多彩、博大精深、底蕴深厚、特色鲜明。如彝族的毕摩文化，汉传、藏传、南传佛教文化，傣族的贝叶文化，纳西族的东巴文化，哈尼族的梯田文化等，还有各具特色的丧葬、婚姻、服饰、建筑、节日、歌舞、生态等文化形态。此外，还有各民族长期以来相互交融、相互学习、共同发展而产生的综合性文化，如茶文化、医药文化、烟草文化、驿道文化、青铜文化、石刻文化等，异彩纷呈，不胜枚举。

云南各民族的优秀文化是中华文化的重要组

成部分，是中华文化的瑰宝，是中华民族文化大花园中的奇葩。在长期的发展演变中，在红土高原上，云南形成了独具特色的历史文化、地域文化、民族文化，其突出特点是多样形态、多元一体、和谐共生。

在经济全球化、文化经济化、经济文化一体化的今天，文化既是社会生活方式，又是一种社会生产力，更是各民族共同的精神家园。在中国特色社会主义进入新时代的历史条件下，要深刻认识文化的作用，把精神的力量转化为物质的力量，把文化的软实力转化为高质量发展的硬实力。

习近平总书记指出："我们要坚持道路自信、理论自信、制度自信，最根本的还有一个文化自信。""要坚定文化自信，推动社会主义文化繁荣兴盛。""没有高度的文化自信，没有文化的繁荣兴盛，就没有中华民族伟大复兴。要坚持中国特色社会主义文化发展道路，激发全民族文化创新创造活力，建设社会主义文化强国。"这是党中央赋予我们这一代哲学社会科学工作者的历史使命。我们要承担起新时代的这一历史使命，就必须在新的实践基础上，坚持以社会主义核心价值观引领文化建设制度，推动文化的创新发展；必须深入挖掘传统文化资源，从中汲取历史智慧，引导云南各族人民树立正确的历史观、民族观、国家观、文化观，推动传统文化创造性转化、创新性发展；还必须为各族人民提供丰富的精神食粮，不断满足人民对美好文化生活的新期待。

云南省社科联为贯彻落实党中央关于繁荣发展哲学社会科学的重要部署，传承弘扬云南优秀传统文化，坚定各族干部群众的文化自信，决定组织全省有关专家学者编撰出版“云南史话”系列丛书，包括地方系列、世居少数民族系列、特色县市系列、民族文化艺术系列、重大历史事件系列等5个部分，每套丛书有20种，共计100种。这是一项规模宏大的系统工程，计划用5年左右时间完成。通过本套丛书，我们将深入挖掘云南宝贵的文化资源，认真梳理云南文化发展脉络，总结云南文化发展的特点及其规律，讲好云南文化故事，把云南历史讲明白，把云南文化讲精彩，把云南文明讲透彻，把云南经验讲深刻，使云南各族人民能够从历史中汲取智慧，从文化中获得自信，从文明中得到滋养，从经验中得到启迪，进一步增强文化自觉、坚定文化自信，正确认识和把握云南在全国发展大局中的地位和作用，立足新发展阶段，贯彻新发展理念，构建新发展格局，开创云南高质量发展的新局面，不断把习近平总书记为我们擘画的蓝图一步步变为美好现实，谱写好中国梦的云南篇章。

是为序。

云南省社科联党组书记、主席　张瑞才

2021 年 2 月

目　录

第一章　普米族地理概况

——家在高原

普米族主要聚居在云南省西北部高原，位于北纬24° 4′ ~ 27° 6′、东经98° 6′ ~ 100° 8′之间，属横断山脉南段山谷地带。

普米族为云南省特有民族，分布在怒江傈僳族自治州兰坪白族普米族自治县、丽江市宁蒗彝族自治县、玉龙纳西族自治县、永胜县、迪庆藏族自治州维西傈僳族自治县等地。另外，四川的木里、盐源、九龙等县有部分藏族人讲普米语，与云南普米族同根同源。据2010年第六次全国人口普查统计，全国普米族总人口42861人。

兰坪白族普米族自治县是中国唯一以普米族

作为主体民族之一命名的自治县，是全国普米族最大的聚居区。兰坪县普米族人口在中华人民共和国成立前无准确记载。1953年，首次全国人口普查时因兰坪隶属丽江专区，加之族称尚未识别，故无明晰的普米族人口数据。兰坪县普米族人口分布在县内各乡镇，主要分布在通甸、河西、石登、金顶、啦井、营盘等乡镇。据兰坪县公安局2018年户籍人口统计，全县普米族人口19314人，其中，通甸镇5507人、河西乡4012人、石登乡3181人、金顶镇2986人、啦井镇1742人、县城区1526人、

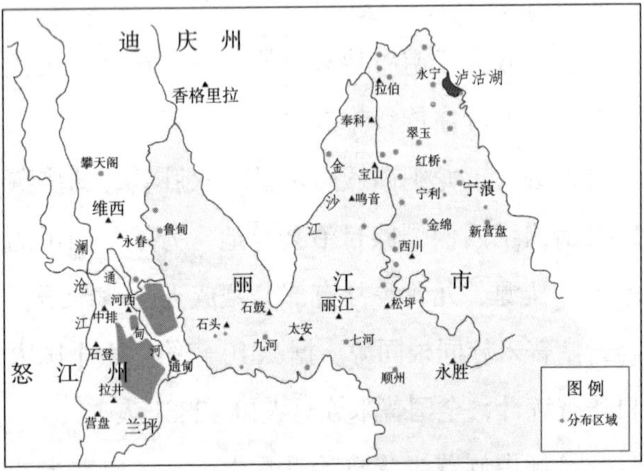

云南省普米族人口分布图

营盘镇 215 人、中排乡 100 人、兔峨乡 45 人。普米族人口达到上千人数的行政村有 6 个：河西乡箐花村，通甸镇德胜村、弩弓村，石登乡回龙村，啦井镇挂登村，金顶镇竹河村。

宁蒗县是全国第二大普米族聚居区，普米族人口主要分布在翠玉乡、永宁镇、拉伯乡、红桥镇、新营盘乡、大兴镇、西川乡、宁利乡、金棉乡、战河镇 10 个乡（镇）。据 2010 年第六次全国人口普查统计，宁蒗县普米族总人口为 12526 人。

一、族称方面

普米族族称是 1961 年确认的。历史上，汉文典籍中找不到“普米”这个族称，而是以“西番”和“巴苴”等来称呼。周围民族对普米族的称呼也不一。普米族族称是根据名随主人的原则，周恩来总理提议，国务院于 1961 年正式下文批准的。之前，国家民委、云南省民委组成调查组到云南兰坪、维西、玉龙、永胜、宁蒗等地调查，在丽江召开有 5 县 12 名西番人代表参加的座谈会征求意见，形成用“普米”作为族称的共识。在普米语中，“普”意为白、“米”意为人，“普米”即白人之意。

二、自称方面

因各个地域普米语口音差异，普米族自称有“培米”（白人）、“批米”（好人）、“冲米”（勇敢之人）、“昆米”（能人）、“布朗米”（养蚕人）、扎米（制陶器人）等。普米族自称白人，与传统的文化审美、信仰习俗有密切关系。据《明史·四川土司藏川卫》记载，古羌人有尚白的习俗，其习俗以白为善，以黑为恶。普米族是古羌人遗裔，在日常生活中喜爱白色，穿白色衣服，住白色房屋，使用白色物品、饰品。

三、他称方面

普米族在历史上有多种不同的称谓。汉朝初年，普米族先民分布在牦牛王属地，被统称为筰、牦牛夷。晋代，普米族被称作西番。唐代，普米族地区属南诏势力范围，普米族先民又被南诏统治者统称为东蛮。随着历史的沿革，许多称谓逐渐被淘汰，而西番的称谓却沿袭下来，并屡见于汉文典籍，但西番一词在历史上曾泛指滇、川、青、康一带藏缅语族的各少数民族族群，普米只是西番众多支系中人数较多的一支。毗邻地区周围各民族对普米族的称呼不一，如汉族和白族称其为西番，彝族称其为“窝足”，藏族和纳西族支系摩梭人称其为“巴”，纳西族称其为“博”，傈僳族称其为“嘎作”。在汉文典籍中还称其为羌人、戎人、弥乐、牧羊人、邛人、巴人、笮人、蚕人、昆明人、嵬明、温末、浑末、於米等。

云南兰坪县玉狮场村

四、居住分布方面

普米族在分布特点上，呈现出“大分散、小聚居”的地域特色。普米族有共同地域，大多同一氏族聚族而居。在同一区域内，普米族与汉族、白族、纳西族、傈僳族、藏族、彝族等民族杂居。

五、语言文字方面

普米语属汉藏语系藏缅语族羌语支，无文字，通用汉语文。

六、婚姻家庭方面

普米族家族大部分地区实行传统的父系小家庭制，婚姻实行一夫一妻制。

七、丧葬习俗方面

古时盛行火葬，现当代以来火葬和土葬并存。

八、房屋建筑方面

普米族的传统房屋为原木结构，称“木楞房”，墙壁用圆木重叠垛成，用木板盖顶，四角竖圆柱，中央立一大方柱，称之为“擎天柱”，认为是神灵所在的地方。进入屋内，门右前方设火塘，其内支铁三脚架，前置锅庄、神龛。火塘是家庭活动中心。

九、服饰装扮方面

普米族的传统服饰，男子上身着麻布短衣，下穿宽大长裤，披羊皮坎肩；妇女包大头帕，着大襟衣、百褶长裙，用宽大而染有红、绿、蓝、黄色的彩带束腰，后背披白羊皮，耳坠银环，手佩带镯圈等饰物。

十、生产生活方面

农业是普米族的基础产业，兼营畜牧业。主食有大米、玉米、大麦、荞麦、土豆等。猪膘肉、酯酒是最具有特色的食品和饮品。

民俗活动中的普米族姑娘

十一、宗教信仰方面

普米族崇拜自然、崇拜神灵、祭祀祖先。普米族信仰受原始苯教和藏传佛教的影响较深。

十二、节日节庆方面

普米族节日节庆活动主要有“吾昔”节、转山会、“捻达则”节、尝新节、端午节等。

在漫长的历史上，普米族创造了辉煌灿烂的文化，拥有卷帙浩繁、内容博大精深的“韩规”典籍。同时，具有内容极其丰富、题材包罗万象的口授经（喀尔沙），并在文学艺术、口传历史、宗教经典、音乐舞蹈、建筑工艺、美术绘画、天文历法、医药、卜卦等领域留下鲜活印记。这些优秀的传统文化今天仍然被传承和弘扬着，为中华文明的进步做出重要贡献。

千百年来，普米族人民筚路蓝缕，开拓边疆，为维护祖国统一、领土完整、民族团结和中华民族伟大复兴做出应有的贡献。

1949 年 5 月，普米族聚居区得到解放，从此，普米族聚居地区发生翻天覆地的变化。普米族人民感党恩、听党话、跟党走，开始走向自由、富裕、幸福、复兴。

横断山深处有人家

横断山脉地势北高南低。北部山岭多雪峰冰川，位于北纬 27° 06′ 的玉龙雪山海拔 5596 米，为中国纬度最南的现代冰川分布区。山岭褶皱紧密，断层成束，怒江、澜沧江、金沙江、雅砻江、大渡河、安宁河等许多大河沿大断裂平行发育。河流流量大，落差急，水力资源极为丰富。大雪山、云岭、怒山等南北走向的山脉平行排列，横断东西交通，总称横断山脉。“横断山，路难行……”形象地反映横断山区在地形、地势上的复杂多变。当年红军长征途中，跨越岷山地区，经过川西北草地，可以说历尽千难万险。横断山脉是由一系列南北走向的山脉组成的山脉群，是中国地势第一阶梯与第二阶梯分界线的一部分。

从人文地理的角度看，横断山脉的存在，对中国西南来说意义至关重要。正是这一系列山川让中国西南拥有多彩的民族文化，横断山区域文化圈是世界上罕见的多民族、多语言、多种宗教信仰和风俗习惯的地区，是中国境内多民族聚居地区，汉族、藏族、彝族、傈僳族、纳西族、怒族、普米族、羌族、白族、蒙古族、苗族、傣族、德昂族、独龙族、哈尼族、回族、基诺族、景颇族、拉祜族、壮族、佤族等众多民族世居于此，人口密度较低。各民族在这里世代繁衍、迁徙、交往、交流、交融，为后人保留下大量古老文化的信息，日积月累，形成一条特殊的民族走廊和历史文化沉积带。

横断山深处的山村

普米族传统居住区域地处横断山脉老君山、拉巴山、雪盘山和小凉山腹地，金沙江和澜沧江由北向南贯穿全境，形成高山峡谷、小块盆地交叉相间的地形。地势西北高、东南低，山脉多南北走向。著名大山为老君山、玉龙雪山、雪邦山、玉坪山、牦牛山、大药山、光茅山、竹山、狮子山等。境内群峰峥嵘、气势磅礴、巍峨雄壮。最高山峰玉龙雪山海拔 5596 米，最低河谷三江口海拔 1200 米。纵谷之间山河交错，形成带状型分布。

富饶宜居的家园

普米族聚居地区属中温带半湿润季风气候，雨量充沛，土质肥沃，适宜作物生长。由于地形复杂，各地气候差异变化很大，一般江边河谷地区气候较为炎热，半山地带凉爽，高山地带终年积雪、气候严寒，具有显著的立体气候特征。年平均气温方面，宁蒗县为 12.7℃左右，玉龙县为 12.6℃，兰坪县为 11.3℃，维西县为 18.3℃。1 月最冷，最低气温达零下 15℃。最热为 6 ~ 7 月，气温高达 33℃。年降雨量 900 ~ 1000 毫米，夏秋多雨，其中 80% 的降雨量集中在 6 ~ 9 月间，此时为雨季，其余为干季。因受老君山、玉龙雪山，大牦牛山地形的影响，常有冰雹、霜冻。兰坪县霜期长达 131 ~ 165 天，宁蒗县为 170 天。日照时数方面，兰坪县为 1979 小时，宁蒗县为 2304 小时，玉龙县为 2500 小时。

普米族聚居地区森林资源丰富，森林覆盖率达 50% 以上，为云南重要林区之一。该区域植被在云南植被区划中划属滇中西北部高原亚热带云南松、寒冷带云冷杉亚区。

该区域野生动物资源丰富，有些是珍稀种类，如鹿子、獐子、水獭、岩羊等，但种群数量较少，分布区域亦逐渐缩小。过去曾有过的马鹿、老虎、山骡等珍稀种类已经绝灭。崇山峻岭中是豹、黑熊、野牛、豪猪、麂子、滇金丝猴以及黑颈长尾雉、血雉等珍禽异兽的乐园。林下资源有麝香、鹿茸、熊胆、茯苓、虫草、贝母、当归、天麻、菖蒲、大黄等名贵药材及羊肚菌、松茸、香菇等美味食用菌。高山草场宜于放牧，畜产以羊、牛、马驰名。

普米族聚居地区地处长江上游，地形地貌复杂，高山大川遍布，河湖湿地密集。该区域的天然林资源是我国大江大河和国土生态安全的天然绿色屏障，生态区位十分重要。气候垂直变化明显，复杂的气候和自然条件，形成类型多样的生态系统，孕育种类繁多的动植物资源，生物多样性十分丰富。这里是我国金丝猴等珍稀濒危野生动物的主要分布区和重要栖息地，也是红豆杉等众多珍贵保护植物的集中分布地。自然保护区分布最为集中，是我国生物多样性保护的重要区域，也是全球生物多样性保护的关键地区。

风景名胜

世界自然遗产上的家园——老君山。云南普米族生活的横断山脉，群山耸峙，江河蜿蜒，普米村寨如一枚枚白色的棋子点缀在群山沟壑间，苍翠的山、碧绿的水，炊烟从绿茵环绕的村庄上空袅袅娜娜飘过，鸡犬在篱笆墙的褶皱间悠然觅食，慈祥的白发老阿妈聚在村口的大树下淡然闲话。宁静祥和的古老村庄，这就是普米人可爱的家乡。

老君山享有世界自然遗产的桂冠，是普米族祖祖辈辈生息繁衍的栖息地。老君山连绵盘桓数百里，层峦叠嶂，时起时伏，是国家级自然遗产三江并流风景名胜区的主体部分之一，属横断山系云岭主脉，金沙江环其左，澜沧江绕其右，因其岭脊走向围成半环状，恰似一个马蹄形的老君炼丹炉而得名，曾被史家称为“滇省众山之祖”，且有丰富的地质、生物和景观多样性条件。

如果说老君山赋予普米族男儿的气概——高山雄浑、青松挺拔，血性阳刚，那么，泸沽湖则是以一泓天荒地老永不干枯的碧水，滋润着普米族女儿的灵性和水样年华。

泸沽湖

泸沽湖位于川滇交界的万山丛中，是普米族的主要聚居区，素有“高原明珠”之称。湖中诸岛亭亭玉立、形态各异，林木葱郁、翠绿如画。身临其间，水天一色，清澈如镜，藻花点缀其间。缓缓滑行于碧波之上的猪槽船和徐徐飘浮于水天之间的当地民歌，使其更增添几分古朴、几分宁静，这是一个远离喧嚣，未被污染的处女湖。

第二章 源 流

——普米族的前世今生

口头传说

据民间传说，普米族从青海起祖。从祖国的大西北到大西南，上下几千年，纵横几千里，普米族历史就是一部迁徙史，而这种自然迁徙对古代民族来说，必是顺河谷台地带一路走来。历史上，但凡普米西番居住过的地方，如青海，四川阿坝州、甘孜州、凉山州的诸多地名称谓至今仍保存着普米地理大迁徙的历史遗痕。

普米族民间关于起祖的传说众说纷纭，但有一点是公认的，那就是“直吾布只董，普米热贡祖”，即普米族是远古四部落后裔。联合为普米族的四个部落名称是“给母”“奔雅”“控”“懂哈”，分别对应四大部落：“萨雅博母恭”，意为“美丽的花瓶山”；“奔尼斯母贡”，意为豹头龙身山和黑熊山部落，又名“棍尼斯母恭”；“俄尼打摆恭”，意为红色花纹虎山；“尔拉达泽恭”，意为大地上具有标志的山和大地上的党项山，又称“尔拉动哈恭”。

普米族民间关于迁徙的传说主要有：“控”氏沿金沙江南下说。普米语称为“比吉南南，控南南”。根据史料记载和普米口碑，普米族三大部落，即“控”“奔雅”“给母”，历史上发生三次迁徙，第一次是先秦时期“畏于秦威”，从甘肃、陕西西迁到青海；第二次从青海沿金沙江、雅砻江、大渡河南迁到四川西南部甘孜及金沙江以东地区；第三次是随元世祖忽必烈南征云南，到达滇西北丽江、怒江、迪庆、大理。“控”氏族，即“俄尼打摆恭”部落。氏族祖先称“控”，故有“比吉[1]南南，控南南”的说法，金沙江流域是

① 普米语称金沙江为比吉。

农历正月里，村民到神山上转山，祈求来年风调雨顺

“控”部落的迁徙路线，该支系汉姓杨、郭、和、胡、王、何、鹿。

“奔雅”氏沿雅砻江南下说。普米语称为“尼吉[1]南南，奔南南。”“奔雅”氏族，即“奔尼斯母恭”（豹头龙身山）氏族，又名“棍尼斯母恭”（黑熊山氏族）。氏族首领名叫“奔雅”。该氏族走出青海后随雅砻江流域向南迁徙。故有“尼吉南南，奔南南”的说法。“奔雅”氏族从四川九龙、冕宁、木里、盐源迁徙到云南宁蒗、永胜、玉龙、

① 普米语称雅砻江为尼吉。

维西、兰坪等地，该支系汉姓曹、熊、何等。普米族古老姓氏之“奔雅”部落虽有多种姓氏和分支，但后人都认同共同的姓氏是“奔雅”。“奔雅”氏族历史迁徙路上驻足过的地方有：直吾布只董（青海）—日拉达争贡—干马—生达（四川色达）—治多峨代金（四川雀儿山）—嘎子（四川甘孜）—马丫丁（四川马尔康）—金办丁（四川金川）—阿巴拉（四川丹巴）—邛给撒丁（四川邛崃山）—控丁（四川康定）—色直代（四川泸定）—牙央丁（四川雅安）—慢代金（四川峨眉山）—岗嘎丁（四川贡嘎山）—给罗丁（四川九龙）—关杠丁（四川甘洛）—吾昔丁（四川越西）—冕亚（四川冕宁）—炸角丁（四川昭觉）—峨丁别儿金（四川西昌）—瓜别（四川盐源）—棍农丁（云南宁蒗）—直当丁（云南宁蒗县战河）—甲给金拐力（云南永胜）—嘎玛丁（云南宁蒗县界马）—金昔（云南宁蒗县竹山）—绵绵丁（云南宁蒗县金棉）—土角（云南宁蒗县拖脚）—粗昔（云南宁蒗县翠玉）—巴尔书（云南宁蒗县红桥）—拉冈·拉多（云南宁蒗县大水沟）—赖欢·多史丁（云南宁蒗县落水）—冷丁（云南宁蒗县永宁）—阿者丁（云南宁蒗县格瓦）。后来一部分迁徙到云南宁蒗县托甸、加泽，玉龙县上奉科、大具等地。

“给母”氏沿大渡河南下说。普米语称为“迪吉[①]南南，给母南南”。“给母”氏族，即“萨雅崩巴贡”（美丽的花瓶山）部落。“给母”部落顺大渡河流域迁徙，氏族首领名“给母”，有“迪吉南南，给母南南”的传说。该支系汉姓为杨、郭、马、董。

从法理上看，普米族是一个现代意义上的民族，对它的前身迄今仍众说纷纭，由于缺乏明确雄辩的文献佐证，我们只能从口碑或宏观的视野中揣度它的历史脉动，力图还原最为合理的原始风貌。

遵循公认的民间传说，普米族是远古 4 个部落后裔。

“萨雅博巴恭”，意为美丽的花瓶山。即“给

① 普米语称大渡河为迪吉。

母”氏族。其氏族谱系是：直吾布只董—海勒·古—扒嘎—达丫—达宗—给母。传说后世有6个支系：

1. 丫木习—绒盆（七子）—其扎。此后分为：都扎—捻其、都扎—阿绒、公东—拿补、日冻—阿以，居住在四川省攀枝花市盐边县，云南省丽江市宁蒗县新营盘乡、永宁乡。其扎—亚吾，居住在四川省凉山州盐源县大槽乡。其扎—拈志，居住在宁蒗县永宁乡浪放村民小组。

2. 尔柏贾细。本支在明朝时衰败，现居住在四川省盐源县城，部分流落到云南省丽江市华坪县良马村，汉姓朱。

3. 丫玛—缅—阿粗—古扎—西西匹—弄甲东—松甲懂—巴玛甲—巴玛东—丫玛·萨扩（后分为玛东、嘎初、年角三支）。居住在云南省宁蒗县新营盘乡牛窝子村民小组。丫玛—阿生—生巴—生以—达日—尼日（此后分为萨扩、达龙、库龙三支），汉姓马。居住在牛窝子村民小组，金棉乡道士村民小组。丫玛—格折，居住在牛窝子村民小组。丫玛—年杜，居住在宁蒗县永宁乡挖都村民小组，汉姓马。丫玛—尔巨，居住在四川省盐源县麦丫乡，汉姓董。丫玛—缅巴，居住在四川省盐源县城，汉姓杨。另外，丫玛咱贡、夫夫、耳耳3支未找到。华坪县和兰坪县丫玛不知属于何支系。

4. 你折—革折—巴都—俄尔。居住在云南省宁蒗县大兴镇包都村，汉姓郭。迁入云南省永胜县顺州乡的汉姓包。巴古和韩夺两支同属本支系。华坪县良马村的汉姓郭。

5. 藏·夺志，汉姓董。有格吉、博塔·者、弄开·支、搓下·阿搓、阿嘎·拉诺等支系，居住在四川木里与盐源两县边界。

6. 巴尔十二村，居住在四川盐源县以山门口为中心的果下、博里、诺罗、施土、木垮、阿迪、嘎下、阿师、夺志、桑腊等村，汉姓董、毛、杨、熊、胡、李等。另外，巴尔瓦志、巴尔秧齐两支系居住在云南永胜县顺州乡，汉姓马。

“奔尼斯母恭”，意为豹头龙身山和黑熊山部落，又名“棍尼斯母恭”。即“奔雅”氏族。

其氏族系谱如下：直吾布只董—董·达—都—萨扎—缅赶—兰赶—布赶—布扎（分重昆、启布两支）—重昆—尼格—尼嘎—畏·卡拉—奔雅（此后分支较多）。

1. 奔雅—阿嘎家支，居住在云南宁蒗县拉伯乡托甸、格瓦村，翠玉乡官田、春东村，金棉乡王家沟村民小组，西川乡金型村民小组。

2. 奔雅，居住在云南宁蒗县永宁乡温泉行政村的托其、比其、八甲等村民小组，汉姓熊。

祖先的记忆——神山上的祭祀塔

3. 奔雅—格雅—挫雅，居住在云南宁蒗县翠玉乡伙头、龙塘、牌坊等村民小组。

4. 奔雅—唤雅，居住在云南宁蒗县翠玉乡阿其甸、东波甸等村民小组，部分散居在翠玉乡阿次洛、于洛、曲依巴巴等地。

5. 奔雅—巴黎，居住在云南宁蒗县翠玉乡白汉河村民小组。

6. 奔雅—依龙四，居住在云南宁蒗县翠玉乡新村、桥边、都鲁池等村民小组，永宁乡扎实村民小组，新营盘乡麻梨坪村民小组，金棉乡公打、仙广、小坪子、大村等村民小组。另外，还有居住在云南省维西县永春乡菊香村，汉姓和。

7. 奔雅—拈波，拈依两个家族居住在云南宁蒗县红桥乡干坝子村民小组。

8. 奔雅—江乃，居住在云南宁蒗县大兴镇马鞍山村民小组。

9. 奔雅—白雅，有打扎包吾、扎扎肯铁、捐孜宝巴铣 3 个家族，居住在云南宁蒗县新营盘乡牛窝子、衙门村等村民小组。部分散居在宁蒗县新营盘乡拉巴河村民小组,大兴镇东红村民小组。

10.奔雅—该铁—子昆，子昆分支为崩来、冉祖、夏祖3个家族，居住在云南宁蒗县新营盘乡牛窝子、衙门村等村民小组。

11.奔雅—崩萨—萨丙，萨丙分支为丛匹、阿里、弄开折3支，居住在云南宁蒗县新营盘乡牛窝子村民小组，部分于清朝末年移居云南永胜县松坪乡。

12.奔雅—启栋—格栋—松吉栋，居住在云南宁蒗县新营盘乡牛窝子村民小组。

13.奔雅—库来—扎塔，扎塔在清朝战乱后迁居云南宁蒗县战河乡木耳坪村，有的迁到云南永胜县松坪乡居住。

14.奔雅—年匹—咱腊，年匹居住在云南宁蒗县西川乡咱腊坡、托比林、菖蒲地等村民小组。奔雅支系部分居住在云南华坪县亚玛丫、永兴乡马鹿村两地。“奔雅”氏族在云南宁蒗县境内共有14个支系，汉姓熊。

“启布·恭”是“奔尼斯母恭”人分支。

其民族系谱如下：直吾布只董—达—都—萨札—缅赶—兰赶—布赶—启布—恭。从恭分流的支系是：

1. 恭—苏韩、博娘、洛哇、打铁、尔铁、卓铁共6个家支，居住在云南宁蒗县永宁乡木底箐村沙俄、老屋基、大村、中村、三家村等村民小组，部分于明朝始居住在泸沽湖畔，部分居住在宁蒗县翠玉乡牛窝子、白汉河、春阳甸、东波甸村民小组，红桥乡白岩子村民小组等。

2. 恭—达布、打跨两支居住在宁蒗县红桥乡拉跨村民小组。

3. 恭—扎孔、嘎铁两支居住宁蒗县红桥乡拉都村民小组。

4. 恭—聪折，居住在宁蒗县红桥乡还腊洛、抓绒两个村民小组。

5. 恭—畏扎，居住在宁蒗县新营盘乡牛窝子村民小组。

6. 恭—雪扎，居住在宁蒗县大兴镇树扎村民小组。

"启布·恭"共13个支系，汉姓曹。

"俄尼打摆恭"，意为红色花纹虎山，即"控"氏族。其氏族系谱如下：直吾布只董—海来丁—姆色·扎—东开·板—板·尔来—尔尼—卡尔—缺—空—控呆、控尼、控松。在此，共分3个支系：

1.控呆，即长房。云南省宁蒗县境内的控呆支系有：（1）控呆—综—宏尔，居住在拉伯乡托甸村。（2）控呆—综—拉丁，居住在永宁乡拖支村。（3）控呆—综—嘎尔，居住在永宁乡永宁村。（4）控呆—综—刺叉，居住在翠玉乡料壁村民小组。以上四个支系汉姓郭。（5）控呆—绒—桑嘎支系，汉姓马。（6）控呆—拖洛，居住在四川乡石门坎村。（7）控呆—戎芽—戎达，居住在金棉乡红星村。以上两支系汉姓胡。（8）控呆—阿闯，居住在永宁乡落水村，汉姓杨。（9）控呆—年智，居住在永宁乡落水村，汉姓杨。

2.控尼，即二房。系谱是：瓦世—草品。瓦世·草品是一个庞大的宗族，多数人居住在四川木里县野吉乡，元朝时部分人随蒙古军到云南香格里拉县上江、下江、罗吉河，玉龙县石鼓、鲁甸，维西县永春乡，宁蒗县拉伯乡托甸村，其中，居住在拉伯托甸村的瓦世·草品分支有阿以、阿铁、雄皮、奔丫、沃娘、施贡6个家族。控尼—别布—哨，分为启龚、日龚两支系，居住在宁蒗县翠玉乡宜底、春东村，部分居住在四川木里县野吉乡，汉姓胡、郭。控尼—阿匹—阿嘎，分为巴盖、窝达、拉达三个支系，居住在宁蒗县新营盘乡牛窝子村民小组，汉姓胡；宁纪支系，汉姓和，居住在宁蒗县宁利乡；另外，控尼—阿匹—丫玛，控尼—阿匹—开匹，控尼—阿匹—阿玛，控尼—阿匹—尼纳4个支系居住在宁蒗县西川乡竹山村。控尼—启匹—瓜迪—多施，居住在宁蒗县新营盘乡牛窝子村民小组。控尼—锡腊匹，居住在宁蒗县新营盘乡牛窝子村民小组。控尼—阿察，居住在宁蒗县金棉乡道士村民小组。

3. 控松，即三房，散居四川木里、九龙两县。

“尔拉达泽恭”，意为大地上具有标志的山和大地上的党项山，又称“尔拉动哈恭”。这一部落留在青海，是最大的部落。1038~1227 年，党项羌建立西夏国，曾出现过一位伟大头领名为“拓跋斯空”。在唐朝时，党项受到吐蕃侵逼，其头领“拓跋斯空”率部族从青藏高原东迁到宁夏，被李唐赐姓李，第一代为李继先，到其孙辈李元昊时成立西夏国，立国 190 多年，后被蒙古灭亡，后人失散融入汉族、藏族、普米族、蒙古族等。从文献资料看，“尔拉达泽恭”是古代西番族群

古老的民居（李松发 摄）

中最大的群体，其后裔遍及今陕西、宁夏、甘肃、内蒙古、青海、西藏、四川、山东、河南、云南等地。

史学观点

普米族的历史源流，史学界莫衷一是，尚无定论，存在吐蕃说、蒙古说、西羌说、白狼羌说、党项羌说等史观。

一、吐蕃说

自称普米（他称西番），目前有文字记载的可以上溯到东汉时期的白狼羌，以白狼王唐菆和唐缯为首的部落联盟正是形成一个较稳定的族群的基础，后政权中心迁徙到定笮（今四川盐源、木里、盐边等地）。7～9世纪，吐蕃占领“东蛮”。延至唐，西番所居之地，成唐、南诏、吐蕃的互争之地。频繁的战争，对东蛮地区的社会经济破坏很大，但客观上却促进了“东蛮”（西番）与藏族（吐蕃）的融合。吐蕃在战争中取胜时，随之而来的就是在东蛮中推行吐蕃的政治、经济、文化制度。失败时则有大批的吐蕃士卒流落下来，因此，就以上战争的客观效果而言，不管吐蕃胜利还是失败，都促进了吐蕃与“东蛮”（西番）的融合。吐蕃每取胜一地都筑以新城，这种统治方法不仅在军事上起作用，而且在政治、经济、文化上也产生影响。西番自唐宋时期逐步接受西藏的文化，所以到元、明、清时，西番已与西藏的藏族有了共同的心理素质，在部分西番人中形成西番为藏族一个支系的意识。明朝时期的汉文献中，把西番与吐蕃视为一体，

祭 司（李松发 摄）

连吐蕃也统称之为西番。根据传说和历史记载，可以认为西番与西藏的藏族同源异流。四川西番自唐以后与吐蕃这种密切关系，到元、明、清时已高度融合在一起，以至四川西南部西番成为藏族的一个组成部分，统称之川西南藏族。由于自唐代开始，吐蕃势力强大，藏文化进入兴盛期，藏传佛教传入西番地区，部分西番人接受藏传佛教。

二、蒙古说

元初，元世祖忽必烈征服西夏，向川、滇进军时，征召居住在这一广大地区的西番青壮年入伍，随军南下，到川滇边境地区。部分蒙古士兵与当地的西番姑娘结合，故有普米族是蒙古族的说法。1253 年，元世祖忽必烈兵分两路南征大理，西番所居为必经之地，善骑射、拥有良马的西番人成了席卷全国的蒙古铁骑理想的补充力量，元军征调西番出军随征成为自然，忽必烈所统中路军在四川建昌分道，途经盐源、木里入驻今云南宁蒗县永宁镇日月和，有许多西番军士随军入滇。

西路军所经之地亦是西番人所居之地，后留居云南的西番人被误认为来自蒙古。元代，西番人因随蒙古军南征，树有功勋，元廷特加赏赐封爵，西番人与元政府的关系亦十分密切。元曾任命西番首领“撒加布”代理建昌路总管。泰定三年(1326年)8月，西番首领还向元朝贡献方物。“达鲁花赤”李福在至元三年（1266年）招渝西番部落酋长内拊，西番人“阿奴”“版的哥”等也被任命为“喝吉”等处的总管。云南永宁州也因西番首领从军远征，建有功勋被赐封本州土官，许多西番人跟随入居该地，永宁地区逐渐形成西番人历史上的重要聚居地，直到明初永宁土司仍为西番人任职。《土官底薄》载：“卜都各吉，澜沧卫西番人，先系本州土官，洪武十六年（1383年）征南将军扎拟本州知州”。其后土司世系发生变化，明、清以来的土司被摩梭阿姓取代并世袭至中华人民共和国成立前。西番人在元代曾活跃一时，得以重用，被授予类似“蛮夷军民官”者不少。从语言语系角度看，普米语属于汉藏语系藏缅语族，蒙古语属于阿尔泰语系蒙古语族，属两个不同语种，故认为普米族是蒙古族的传说是没有根据的。

三、西羌说

据普米族世代相传，皆以为是从青海迁徙而来，据学界研究可断定普米族渊源于古代的氐羌族群。史家考证，今青海省河湟地区是古羌发祥地，普米族为原居祖国西北青藏高原而后逐渐向南迁徙的氐羌支系发展而来，是古代氐羌族群遗裔之一。据《后汉书·西羌传》记载："羌吾弋爰剑者，秦厉公时为秦所拘执，以为奴隶……其后世世为豪，至爰剑曾孙'忍'时，秦献公初立，欲复穆公之迹，兵临渭首，灭狄豲戎，'忍'季父'卬'畏秦之威，将其种人附落而南，出赐支河曲西数千里，与众羌绝远，不复交通。其后子孙分别各自为种，任随所之，或为牦牛种，越巂羌是也；或为白马种，广汉羌是也；或为参狼种，武都羌是也。"秦献公时，羌人南下，并与早先就分布在西南地区的羌部结合，形成大小不同的部落群体，或游猎、或放牧，迁徙无常，居无定所。为佐证普米族是羌的后裔，严汝娴[1]在写《普米族简史》时，将普米族与羌人的习俗进行对照，这里举10个例子：1.古羌人有尚白的习俗，《明史·四川土司藏川卫》记载，其习俗以白为善，以黑为恶；2.古羌人以牧羊为业，《说文解字》释羌条载：羌，西戎牧羊人也。普米语称绵羊为“戎”，与羌释意相似；3.古羌人与普米人有供奉羊角习俗；4.古羌人与普米人有召巫送鬼的习俗；5.古羌人与普米人有火葬习俗；6.古羌人与普米人有兄终弟转房的习俗；7.古羌人有披发覆面的习俗；8.古羌人有父子联名的习俗；9.古羌人活动在西北青藏高原，青海为活动中心区域，其方位在滇川两省的西北方向；10.白狼羌为古羌人的一支，东汉时期他们向汉王朝进献颂章《白狼歌》三章，白狼歌的歌词部分与普米古语相近或相同。人类社会经历了从穴居野外狩猎时代到畜牧时代，畜

① 严汝娴（1932~），女，云南昆明人。主要著作有：《中国少数民族婚俗》《中国少数民族婚姻家庭》《永宁纳西族的母系制》《普米族》《普米族简史》等。

牧时代以牧为生，甲骨文中出现了羌等文字的表述：羌，牧人，从牧从羊，一根纯西戎牧羊人牵一只羊，形成羌字。这是汉文的表述，而普米族从古至今称绵羊为“戎”，称曾祖为“戎布”，高祖为“戎戎”，这里很形象地说明普米族的先祖是西部牧羊人。普米族应是“忍生九子”之中的四子。

金沙江上游是西番族群主要的迁徙线路

四、白狼羌说

秦献公时，羌人南下，并与早先就分布在大西南的羌部结合，形成大小不同的部落群体，或游猎、或放牧，迁徙无常，居无定所。汉武帝元鼎六年（前111年），司马迁奉使西征巴蜀时所了解的情况是："靡莫之属以什数，滇最大，自滇以北君长以什数，邛都最大……自巂以东北君长以什数，徙笮都最大。"在四川丹巴界以南泸定县境一段，为汉笮都夷地。所谓笮都夷，自呼为白狼，其创造的斜张两岸的溜索，往来渡江的办法，汉文称之为"筰"。普米语称桥为"筰"。清光绪年间修订的《盐源县志》谓"筰为夷之自名，今夷谓九所曰阿笮"。说明汉之他称也是自称。《后汉书·笮都夷传》说"筰"地当分为"白狼槃木"与"白狼楼薄"两大部。东汉永平年间，益州刺史朱辅招致入京奉贡的"白狼槃木"王唐菆，所率号称"百余国，户百三十余万"，皆在四川西昌地区的雅砻江流域，即今盐源、木里等高地。其人系自康南沿雅砻江与理塘河倾斜面进入这一高地，留住下来的羌族。于此说明"筰人"即是"白狼人"，"白狼""筰"皆为自称，同时"笮"又变成汉称或他称，两者并不矛盾，普米族为"白狼夷"之子孙。"白狼国"在四川西部金沙江以东地区。任乃强说：“‘白狼槃木’王其国应在今四川盐源、木里和云南宁蒗等地。和帝永元十二年（100 年）旄牛徼外‘白狼楼薄’蛮夷王唐缯等，遂率种人十七万口，归义内属”。所谓旄牛徼外，指仿石棉、泸定与康定鱼通、孔玉这段大渡河谷所住的白狼部族，在汉初，为旄牛王属地。这说明白狼部族的“白狼楼薄”支系所活动的地域。今四川冕宁、越西还有自称“白狼楼薄”者为后来从徼外地迁入。“白狼槃木”与“白狼楼薄”同是白狼夷的两个分支，从王者名讳相近观之，关系是很亲近的，他们受到东汉王朝的礼遇，被司马迁写入史记本纪，可见十分重视。这说明普米先民早在汉明帝永平年间，就曾有代表人物到当时京都朝觐，与中原王朝交往。

五、党项羌说

党项羌是古代北方少数民族之一，属西羌族的一支，故有党项羌称谓。据载，羌族发源于“赐支”或者“析支”，即今青海省东南部黄河一带。汉朝时，羌族大量内迁至河陇及关中一带。此时的党项族过着不知稼穑、草木记岁的原始游牧部落生活。他们以部落为划分单位，以姓氏作为部落名称，逐渐形成著名的党项八部，其中以“拓跋”氏最为强盛。唐朝时，经过两次内迁，党项逐渐集中到甘肃东部、陕西北部一带，仍以分散的部落为主。唐朝在党项聚集地推行羁縻政策进行管理，有功的党项部落酋长被任命为州刺史或其他官职。唐末黄巢起义时，唐王传檄全国勤王。党项族宥州刺史“拓跋”思恭出兵，唐僖宗赐“拓跋思恭”为“定难军节度使”，后被封为夏国公，赐姓李。至此，党项拓跋氏有了领地，辖境包括夏、银（今陕西榆林东南）、绥（今绥德）、宥（今靖边东）、静（今米脂东）等五州之地，握有兵权，成为名副其实的藩镇。宋朝时，李继迁开始独立抗宋。李元昊即位夏国王后，下发秃发令，并努力吸收汉文化，创制党项文字，推动党项文明的发展。11 世纪前期，李元昊称大夏皇帝，史称西夏。这是党项族建立民族政权之始，也是党项发展历史的顶峰。西夏时期的党项文化、经济获得空前发展，在与汉族和其他兄弟民族的交流中逐渐发展。有专家学者认为西番“尔拉达泽恭”部族主体部分融入党项。

“韩规”祈福仪式（姚金林　摄）

第三章　散落在西部高原上的史页

——由北向南迁徙的历史轨迹

普米族历史上没有自己的文字，所以没有成文史。在此之前，汉文典籍找不到“普米”这个族称，而是以“西番”“巴苴”等来称呼。周围民族对普米的称呼不一。汉族和白族称普米为“西番”，彝族称为“窝足”，藏族和纳西族支系摩梭人称为“巴”，纳西族称为“博”。“西番”这个称呼的涵盖范围比“普米”广泛，它包括几个族源相近、语支相同的自称单位，普米仅是西番中人数较多的一支。中华人民共和国成立前，除分布于滇西北地区丽江市、怒江傈僳族自治州、迪庆藏族自治州的普米外，四川西南部凉山彝族自治州木里藏族自治县、盐源县、冕宁县，甘孜藏族自治州九龙县，攀枝花市盐边县的西番也自称“普米”，即“白人”之意。在1985年编纂的《宁蒗彝族自治县概况》中，称永宁、蒗渠二土司地界主要是么些、西番、回族等3种土著人。在此之前，没有普米族一说。

西番名称最早出现在晋初（公元3世纪）张华的《博物志》卷三《异兽》中：“蜀中南高山上，有猕猴，长七尺，能人行健走，……西番部落辄畏之。”

唐代以降，西番作为部族称谓，普遍出现在汉文典籍中。但从先秦到中华民国的数千年历史中，普米的先民，这些来源于西北地区的古氐羌族群，在各个时期称谓不同：先秦时期是氐羌、羌戎、西羌、西戎；秦汉时期是牦牛种越嶲羌之筰人、白狼槃木；唐宋时期是东蛮；元明清至中华民国时期是西番。

远古时期——甘青河湟地区的古氐羌族群

4000多年前，氐羌族群繁衍生息在中国西北部,《后汉书·西羌传》记载: 氐羌分布于中国西方，是自云南北半部，经四川西部，到陕西、甘肃、青海一带的游牧民族。甘青高原上的河湟流域是氐羌族群的主要游牧聚居区，而羌人另一部分人口居住在西南地区。氐羌是同源异流的关系。氐羌族群发祥于中国西北部，《后汉书·西羌传》云：西羌之本，出自三苗，姜姓之别也，其国近南岳……及舜流四凶，徙之三危，河关之西南，羌地是也。滨于赐支，至乎河首，绵地千里。赐支者，《禹贡》所谓析支者也。这是说在传说中的上古时代，舜把居住在南岳衡山的苗部落，迁徙到三危去治理黑水。三危，乃西裔之山，指青海的大积石山，即阿尼玛卿山。河关之西南羌地包括青海东部。河首为黄河发源处，赐支在青海阿尼玛卿山与巴颜喀拉山之间黄河沿岸。这既指出了西羌的来源，又说明了其最初的活动范围。

甘青地区的黄河、湟水河流域，是古羌人的中心游牧区。

羌是以西北游牧部落的形象登上历史舞台的。《后汉书·西羌传》说羌人："所居无常，依随水草，地少五谷，以产牧为业。"又说："多禽兽，以射猎为事"。戎的特征也基本相似，西戎是活动在西部羌人部落的泛称，《礼记·王制》说："西方日戎"，戎外之地，称之为羌。《说文·羊部》释文："羌，西戎牧羊人也，从羊从人。"羌字在甲骨文中的形象是羌字上加一根索子，象征羌人的以索牵羊，羊走在人前面。

大致而言，羌、氐与戎，是远古时期西北游牧民族的通称。元明时期，已有人将西番的族源追溯到西戎。元代周致中著的《异域志》中就把西番当作殷商和周时期诸戎的一支。明景泰《云南图经志书》卷四《蒗蕖州》也说："西番者，即所谓西戎也。"

夏朝时期，氐羌族群开始登上大西北陕甘青地区的历史舞台。据《史记·五帝本纪》记载，中华民族的鼻祖黄帝原先就住在西北方，过着迁徙无常的游牧生活，并娶出自羌的“西陵氏”之女。至其五世孙夏禹时，创建了中国历史上的第一个王朝——夏朝。《史记·六国年表》关于禹的发祥地提到“禹兴于西羌”。留居于西北甘青高原连接地带的西羌人，依然过着游牧生活。普米语称汉族为“夏”，由此可以推理出普米族与汉族已经有 4000 年交往的历史。

殷朝时期，黄河中下游的商族，征服羌族。《诗经·商颂·殷武》说：“昔有成汤，自彼氐羌，莫敢不来享，莫敢不来王。”早在约公元前 16 世纪的殷商时期，活动在甘青地区的古氐羌人与华夏族即往来交流。

商朝末期，羌人从武王姬发伐纣，灭商兴周。

西周时期，活动在甘青地区的羌戎游牧部落，居地不定，迁徙无常。犬戎是西戎的一支，在公元前 771 年，攻入都城镐京，灭西周。

东周时期，羌戎部落活动在甘青一带，以河湟为中心，没有固定姓氏，用父名母姓为部落称

"拈达则"节活动的开始

号。在河湟一带的羌人，其历史资料最早见于《后汉书·西羌传》。

战国时期，秦国发动大规模征服兼并诸羌部落的战争。由于秦国的入侵，甘、青地区的羌人诸部落，大举向西南迁徙。

普米族是历史上迁徙路线最长的民族之一。迁徙路线从祖国的大西北到大西南。其迁徙路线可从普米族"西布戎比"（祭羊仪式）中找到依据。普米人死后在"韩规"的引导下，由一只绵羊驮负着死者亡灵，沿着指路经指引的道路，山一程、水一程，义无反顾往北走，故土就在前方。普米族的送魂路线也是本族起源于甘青地区的佐证。现列举川滇 4 县 5 条送魂路线为例。

其一，流传于云南省怒江傈僳族自治州兰坪白族普米族自治县普米族“戎肯”（祭羊），最终将亡灵送到青海河湟地区。

你离家上路以后，要经过锣锅箐，路过通甸坝子背后的老君山，穿过石鼓山谷，在石鼓村边渡过金沙江，不要怕大江浪高流急，这条路是你祖宗走过的路线。

你往金沙江对岸走去，沿着江水流向走去，往祖先鏖战过的岩山水潭走去，菩萨玛里会保佑你。

你走过岩山水潭以后，便到了祖先生活过的“玛亚”，然后往“玛亚”的松林垭口进

“韩规”“沙通”(唐卡)画

去，往祖先打过盐和酥油的地方走去，往那边的草地走去，往“么些”人的林区走去。

往我们曾经纺过麻线的“亚干”走去，往我们曾经生活过的木里走去，往我们曾经居住过的“瓦尔”走去，往江水源头走去，往祖先走过的红沙漠走去。

你走过大沙漠后，往“郭勒毕毕”地方走去，往祖先在“郭勒”生活过的地方走去。往东方有水的山谷中走去，往有湖水的美丽山谷中走去，往运送丝绸的路上走去。

“锣锅箐”“通甸”是云南兰坪普米族村子名称。“石鼓”位于玉龙县金沙江边。“岩山水潭”是指丽江玉龙雪山脚下玉湖，传说历史上普米军与纳西军在这一带发生战事。“玛亚”在四川木里县。“打盐的地方”指四川盐源县盐塘。“么些人”指盐源的古纳西人。“江水源头”指青海雅砻江源头。“大沙漠”指青海柴达木盆地大沙漠。“郭勒毕毕”指柴达木盆地以北“巴音郭勒”。“湖水”指青海湖。“运送丝绸的路”指甘青境内的丝绸之路。

从地理方位来看，这条线路直指北方，自滇西北怒江州兰坪县往北沿金沙江而上，经丽江、川西南凉山州木里、盐源县，逆金沙江、雅砻江而上，最终到达青海三江源、青海湖及河湟地区。

其二，四川省凉山彝族自治州盐源县左所区丹堤村的送魂路线最终将亡灵送达凉山州木里县。具体路线是：丹堤—石达章（石桥）—年耳贡（左所垭口）—直普关库（直普村）—布小扎章大效（左所海边）—阿娘喀巴（左所土司喇宝成经堂）—大咀（达珠）—宁布九乾（达珠垭口）—热水塘（温泉瓦拉片）—令（比奇山后，木里境内）—木里大经堂。

其三，云南省丽江市宁蒗彝族自治县牛窝子村“给姆”家族的送魂路线终点是青海果洛阿尼玛卿山，具体路线是：金玛吾（本村）—巴苴（蒗渠坝）—泽年冬（黑盐塘）—瓦博光吾（盐源坝子）—浪巨甸（麦亚）—博瓦（木里县城）—（沿雅砻江而上）—甲数（九龙）—木年甸吾（康定木雅）—贡嘎勒（贡嘎山）—尔安卡嘎以公巴（新都桥大寺）—达子甸（康定）—塔公公巴（塔公寺）—迪几日缺克毕（大渡河右岸）—撒喧（班玛）—扭几（黄河）—萨雅博巴恭（阿尼玛卿山）。

四川西部的大渡河(历史上是西番族群南迁的孔道)

其四，宁蒗彝族自治县牛窝子村“奔牙”家族的送魂路线终点是青海玉树巴颜喀拉山，具体路线是：金玛吾得堪（本村）—巴苴（蒗渠坝）—巴都（包都）—巴尔宗多（红桥）—练吾（永宁）—木里公巴（木里大寺）—年几宗多（雅江桥）—甲数（九龙）—木年甸吾（康定木雅）—贡嘎勒（贡嘎山）—尔安卡嘎以公巴（新都桥大寺）—娘龙（新龙）—甘争（甘孜）—撒喧（石渠）—玛多—布雅萨亚光吾（美丽坪坝）—奔尼斯母恭（巴颜喀拉山）。

其五，云南省丽江市永胜县松坪“控”家族的送魂路线终点是青海玉树唐古拉山，具体路线是：弄以甸（松坪本村）—格哼（金型）—粗以（翠依）—输罗（水罗）—贡嘎来松光布（仙乃日峰）—宁通（理塘）—巴通（巴塘）—丁格（德格）—结古（玉树）—治多—俄尼赤摆恭（唐古拉山）。

显然，通过这几条漫长的亡灵归宗路，释放出普米族地理大迁徙的历史信息。

秦汉时期——南迁川西高原的“白狼槃木”

秦汉时期，南迁的氐羌族群经过漫长时期演变为三个较大的部落群体：牦牛种、白马种、参狼种。其中，牦牛种自青海玉树沿川西高原一路南下到川滇边境，其中包括西番族群。

在普米族传说中，远祖三兄弟在青海分开后，长兄去拉萨成为藏族，老二“南喀”为普米族，老三“摩沙”为纳西族。

秦汉时期，川西高原东南部的越西、汉源、冕宁、石棉、九龙一带，有牦牛羌活动，牦牛羌经过漫长演化，形成若干东蛮部落，其中包括西番族群。西番族群的先民越嶲羌牦牛种从青海向西南迁时，经过横断山脉的金沙江、雅砻江、理塘河河谷地带，途经四川西部巴塘、理塘进入越嶲州（今四川凉山州），并与早先就分布在当地的氐羌部落结合，形成西番族群共同体雏形（白狼槃木）。

据邓文峰、陈宗祥调查研究，《白狼歌诗》三章的文法结构和基本词汇与普米语较为接近，普米西番族群很可能就是《后汉书·西南夷列传》中的“白狼、槃木、唐菆”等“百余国”中的“白狼槃木”。“槃木”乃“普米”发音变体。

汉明帝永平年间，川西高原“白狼、槃木、唐菆”等“百余国”，号称“户百三十万，人口六百万以上”，以“白狼”为首的百余国，位于大渡河以南、金沙江以东的雅砻江流域，大雪山从北到南贯穿其境，大致分布在今四川甘孜藏族自治州和凉山彝族自治州境内。

司马迁元鼎六年（公元前111年）“奉使西征巴蜀”时了解到的情况是：“自嶲以东北君长以什数，徙、筰都最大；自筰以东北，君长以什数，冉駹最大……皆氐类也，此皆巴、蜀西南外蛮夷也。”这之中提到越嶲羌中的“筰人”，分布在巴、蜀西南部地区。

以上诸族同属于氐羌族群的众多部落。其中的“筰人”为西番先民。方国瑜说：“邛都为彝族先民，徙筰为西番人（今称普米或藏族）先民。”四川甘孜州丹巴县以南泸定县境一段，为汉筰都夷地。普米语称“桥”为“筰”，筰人在大渡河架设竹索桥，故称为“筰人”。任乃强说：“所谓筰都夷，自称为‘白狼’，他们创造的斜张两岸溜索，往来渡江的办法，汉人称之为筰……今称‘普米族’的便是。”筰地分为“白狼槃木”与“白狼楼薄”两大部。“筰人”即是白狼人。“白

“德迪”（五彩福旗）

狼槃木”王国应在今四川甘孜州南部及凉山州盐源县、木里县等地，还应包括今丽江市宁蒗县部分地区乃至更广的范围。

据《筰都夷传》载，天汉四年罢沈黎郡“并蜀郡西部”的同时，置两都尉：一居牦牛主徼外夷，一居青衣主汉人。这些部落北起汶山以西，南至越嶲郡的定筰县（今四川凉山州盐源县、木里县）、大筰县（今四川攀枝花市盐边县、米易县）、筰秦县（今四川凉山州冕宁县西及毗邻的甘孜州九龙县一带）等三县，大致包括今四川甘孜州大渡河南岸和凉山州的旄牛山以西雅砻江流域地带。汉朝时由今西昌经冕宁泸沽、汉源而达成都的古道，称为“旄牛道”，此区域也是旄牛羌活动的中心地区。

《三国志·蜀书·张嶷传》有关于蜀汉时期越嶲太守张嶷与定莋（今四川凉山州盐源县）夷“徼豪狼岑”，“槃木王”舅争守盐池的记载。任乃强对此作了阐释：“夷帅岑，槃木明者，‘岑’为其名，狼系夷语首领之尊称，‘槃木明’谓白狼槃木之族。与‘槃木王舅’义同……此‘明’为普米族自称‘拍米’之‘米’的变音别译。更确切地说，就是普米族另一自称‘布朗（白狼）米’或‘布朗明’之‘明’，其义为‘族’或‘人’。”任乃强又指出：定莋“夷王不肯交出这盐泉，他（张嶷）才把盐利夺回。盐利是白狼族人（今普米族）所占有”。今四川凉山州盐源县从西汉、东汉到蜀汉时期称为“定筰”，“筰夷”即今滇、川“西番—拍米”“西番—耳苏（布尔日）”等。“布朗”是普米人对蚕的称呼，可能当时布朗西番开始种桑养蚕，故被称为“布朗米”（蚕人）。

秦汉时期，普米西番先民牦牛种白狼羌，首先从甘青河湟一带向西迁徙到青藏高原江河源头（大致在唐古拉山以东，巴颜喀拉山以西）的青海玉树一带，然后沿雅砻江、金沙江南下，经川西高原甘孜州，有的直接从四川甘孜州巴塘等地随金沙江入滇西，有的随理塘河、雅砻江入四川凉山州木里，有的随大渡河经四川甘孜州康定进入石棉、汉源、九龙、冕宁、西昌等地。其后，普米西番的先民“白狼槃木”的活动中心南移到

“茸叶吉吉”（用古藏文书写的普米族古老的祝福经和族谱，迄今有上千年历史，记载了普米族的起源及早期历史）

“定笮”（今四川凉山州盐源县、木里县、盐边县等地）一带。

唐宋时期，“白狼槃木”归入吐蕃版图。自元朝始，藏传佛教传入定笮地区。1953 年，因与吐蕃藏族交往密切，四川盐源县、木里县等地的普米西番在确定民族成分时被融入藏族，1961 年，在云南的普米西番则成为一个单独的民族。

陈宗祥[①]认为，普米西番先民牦牛种羌迁徙路线是湟水流域—白兰山—苏毗国境—道孚—甘孜—巴塘—木里。

① 陈宗祥是我国最早介绍、研究《格萨尔》史诗的学者之一，也是《白狼歌》研究具有影响力的学者之一。他翻译的《格萨尔王传》被认为是最早研究格萨尔的参考资料之一，他提出“白狼语—南语—西夏语—普米语等一脉相承”的重要见解，被认为是对南语研究的一大突破。在对东汉《白狼歌》部落史、古蜀史的考证和敦煌古藏文《南语写卷》的翻译研究上独树一帜。

格勒[1]从语言学角度，按照羌语支语言的分布区域，列出普米西番的南迁路线：其一：青海玉树一带—（沿雅砻江）新龙—雅江—九龙—宁蒗—丽江—维西。其二：青海玉树一带—（沿金沙江）—巴塘—丽江。

普米西番的起源地可以在流传至今的口碑中得到印证。“直吾布只董，普米热贡祖”是普米族一句古话。在追溯历史或背诵谱系时，开头都要从“直吾布只董”说起，然后才说本家支的谱系。

“直吾布只董，普米热贡祖”的含义为：雪水融化汇集成江河之源的地方，住在四座山下的四个氏族结盟为普米。用山头来表示部落，反映出普米族部落结盟时生活在青海以西巴颜喀拉山

① 格勒（1950~ ），男，藏族，四川甘孜人。国际知名藏学家，现任中国藏学研究中心社会经济研究所副总干事兼所长，研究员（教授）。新中国第一个人类学博士和第一个藏族博士，在藏学、人类文化学等多个领域建树颇丰。主要著作有《甘孜藏族自治州史话》《藏族早期历史与文化》《论藏文化的起源形成与周围民族的关系》《西藏封建农奴制社会形态》等。

一带的金沙江、雅砻江、黄河源头结合部的雪山高原。联合为普米族的四个部落名称是：“萨雅博巴恭”，意为美丽的花瓶山；“奔尼斯母恭”，意为豹头龙身山和黑熊山部落，又名“棍尼斯母恭”；“俄尼打摆恭”，意为红色花纹虎山；“尔拉达泽恭”，意为大地上具有标志的山和大地上的党项山，又称“尔拉动哈恭”。

相传，结盟为普米的四个部落决定南迁时，曾举行赌咒仪式，让天神来决定，每个首领拿一对海螺放在圣湖里任随漂动，其中前三对海螺皆向南而去，只有第四对海螺纹丝不动，故第四个部落留居青海故地，其余便举众南迁，由此造成第四个部落遗裔下落不明，或演化成党项，或成为安多藏族，或融入其他民族，等等。

唐宋时期——川西南地区的“东蛮”部落

唐代，在牦牛种羌分布的大渡河以南、雅砻江、安宁河、金沙江流域的今四川凉山州西昌、甘孜地区，曾设有嶲州统治，南诏阁罗凤攻取嶲州地后，改设为会川都督。在此区域内的部族，支派林立，名号繁多，“或千百家为一聚，或二三百家为一族”，上列各种类，大多为牦牛种羌语系部族，而“邛部川”所属居民，一名邛部川蛮，亦称“大路蛮”，又名“勿邓”，包含“两林”“丰琶”诸部在内，统称“东蛮”，他们大多演变为现今四川藏族和云南普米族。

唐代，吐蕃崛起于青藏高原。南诏建立部落政权在苍山洱海区域。

唐天宝年间，“勿邓”“两林”“丰琶”“东蛮”诸部落处于唐、吐蕃、南诏三大政权之间，由于“东蛮”诸部落势力强大，能左右各方势力，其部落首领还受到朝廷封赏。

据《新唐书·南蛮传》记载，“东蛮”部落以“勿邓”“两林”“丰琶”为主，共32个部落，中心区域位于今四川凉山州西昌坝以北的安宁河流域，北抵大渡河，包括西昌、冕宁、喜德、越西、石棉、九龙、甘洛、峨边一带，普米西番是该区域的原住民。凉山彝语称西昌为“刺布窝足”或“窝足尔苦”，“窝足”即普米西番人，“剌布”是花纹虎，“尔苦”是聚居中心、城市之意。“西昌”在彝语中的意思是普米西番聚居的地方。据凉山古彝文典籍《雪族》记载：候阿土是彝族古代著名首领，约生活在晚唐时期。他在迁离“液液昊口”（宁南）时，与窝足发生冲突。

水磨房

唐代，南诏势力到达今四川凉山州，西番居住地处于南诏中心大理地区的东面，南诏遂称之为“东蛮”，即“西林”“勿邓”“丰琶”之部落，以及“虚恨蛮”“董蛮”等沿大渡河南岸诸部，包括今四川石棉、甘洛、越西、九龙、冕宁和峨边、马边等地，均为“东蛮”部落故地。

唐朝前期，四川甘孜州南部巴塘、理塘一带的普米西番人继续向南迁徙，到达四川凉山州盐源、盐边及云南丽江市宁蒗、永胜地区。行政中心设在盐源，普米语称“瓦巴”政权，宋时称“番城郡”。西番人至唐、宋时期人口滋生，生产力水平有了很大提高，其中大部分接受了农业文化，开始农牧兼营，并逐渐定居，由于他们最先在这些地方垦屯耕种，后来迁入的汉族多与其发生租佃关系，谓之“蕃田”“蕃租”，西番与内地汉族产生了广泛的牛马交易和其他经济文化交流。

宋代，大理政权在此地设会昌、会川二府，继续控制该地区。据方国瑜考证，宋时“勿邓”“两林”“丰琶”的方域与唐时相当。此地应以西番中的“白狼楼薄”为主，而“白狼槃木”位于今金沙江以东至雅砻江中下游地区。唐代的“东蛮”地正是宋代西番的聚居之地所，而所以由“东蛮”

之称变为西番之名，乃是这两个称谓均是他称。唐时“东蛮”之称是出于南诏，而西番之称是出于汉人，对蜀地汉人而言，“东蛮”等部不在东而在西，遂被称为“西番”。据《资治通鉴》记载，南诏王皮罗阁从四川西部迁移了36万西番到滇西北，这部分人下落不明。

“西番”这个族称虽在西晋张华(232～300年)的《博物志》一书中已出现，但所载不详，到唐宋时期，对西番的记载就较为具体，族称亦渐趋明朗化。据《宋会要辑稿·蕃夷》说，黎州往西，过大渡河，有邛部川、河南蛮、女儿城蛮、青羌等“诸蕃”环列。《宋史》也载有“西番”“蕃蛮”等称谓。这些“蕃落”诸部，是指分布在今四川越西、冕宁、汉源、石棉及九龙等广大地区内的西番族群，其中无疑也包含藏族先民“吐蕃”的成分，因为两者文化习俗相近，参错而居，所以常将“西番”与“吐蕃”混称为“诸藩”“各蕃”。

普米西番先民从大西北那遥远的雪山草原上，挥动牧鞭，驱赶着羊群，走向南方。在茫茫的迁

男孩穿裤子仪式

徙之路上，川西南高原是普米族大迁徙中的重要驿站。普米民族共同体的形成是在川西南高原的理塘河、雅砻江、安宁河流域，南至金沙江为界川滇之交的泸沽湖地区。同时，部分普米西番永久定居此地，成为现今川西南讲普米语的藏族。

元朝时期——踏入滇西北的西番

唐宋以前，普米西番族群的主体牦牛羌遗裔“白狼槃木”“筰人”等东蛮部落活动在金沙江上游以东、雅砻江以西的川西高原凉山州、甘孜州一带。宋末元初，川西南部分普米西番随蒙古军队南征大理，进入滇西北丽江、迪庆、怒江等地。

元代是普米西番人口大迁徙的重要阶段，

1253年，蒙古军从甘肃临洮出兵，从松潘兵分三路南征大理，西番所居为必经之地，元军征调大量西番兵从军。忽必烈所统中路军经四川阿坝州、甘孜州，渡大渡河，到达建昌（今凉山州西昌），途经盐源、木里入驻今云南丽江市宁蒗县永宁“日月和”，沿途番城郡西番头人纷纷投诚。元军在金沙江奉科段“革囊渡江”进入今丽江市玉龙县北部。兀良合台率领西路军经四川甘孜州泸定，自旦当岭（大雪山），过理塘，由云南迪庆州香格里拉县入维西、巨甸、石鼓一带，居住在雅砻江流域的西番又有一部分中途加入蒙古军队而入维西。普米西番的足迹延伸到金沙江以西的丽江市玉龙、怒江州兰坪、迪庆州维西等地。元军沿途取得的关塞多令西番兵留守，因而在各处要塞都有西番人分布。

《维西闻见录》说：“巴苴，又名西番，亦无姓氏。忽必烈取滇，渡自其宗，随从中流亡至此者，不知其为蒙古何部落也，浪沧江内有之。”丽江三仙姑西番土把总和目始祖的墓碑上，刻记着“随元世祖革囊渡江，留守关塞，而世守其地”。

这是史书对普米西番随蒙古大军进入滇西北维西、丽江一带的明确记载。至此，金沙江以西的丽江市玉龙、怒江州兰坪、迪庆州维西等地都有普米西番分布。

刘尧汉[1]说，忽必烈征云南时，四川凉山州盐源坝子驻有四万名西番士兵。在川西南一带，蒙古大军所经之地确实为西番领地。元代时西番与元政府的关系十分密切。元朝曾任命四川凉山州冕宁西番首领“撒加布”代理建昌路总管，“达鲁花赤”李福在至元三年（1266年）招渝西番的部落酋长内拊，西番人“阿奴”“版的哥”等被任命为“喝吉”等处的总管。云南宁蒗永宁州西番首领“和宇”被赐封本州土官，许多西番人跟

① 刘尧汉（1922~2012），男，彝族，云南楚雄人。中国社会科学院民族学与人类学研究所研究员，荣誉学部委员。楚雄彝族文化研究院终身名誉院长。学术专长为民族学与民族史。新中国第一位彝族教授。学术成果有《彝族社会历史调查研究文集》《彝族天文学史》《中国文明源头新探——道家与彝族虎宇宙观》《文明中国的彝族十月历》《彝族文化言》等。

随入居该地，永宁地区成为西番人的重要聚居地，直到明初永宁土司仍为西番人任职。相应地，西番人口向云南西北部分布开来。

明清时期——定居滇西北的西番

明清两代关于普米西番的记载更为详细。凡近代普米西番分布的地区，均有关于西番人的记载，如明朝人曹学全《蜀中广记》卷三十四中说，宁番卫（今四川凉山州冕宁县）“环而居者皆西番种”。据清代嘉庆《四川通志》卷九十七记载，四川凉山州木里安抚司管辖有西番等夷民六百余户。据《冕宁县志》记载了十四户西番土官管辖的四十三个西番寨落名及其贡赋、生活习俗等情况。

随蒙古军南征的普米西番，逐渐在滇西北分散开来，大部分从游牧过渡到农耕，实现定居。云南丽江市宁蒗县永宁府是普米西番人的聚居地，处于云南极北之地的川滇边境。《明史·云南土司传》记载宁蒗永宁府的地域时说：“东至四川盐井卫十五里，西至丽江宝山州，南至蒗渠州，北至西番。”从“北至西番”的记载来看，在永宁府以北的地方，主要是四川普米西番人的聚居地。《明史·地理志》说：“在今四川凉山州木里县一带，明代此地有西番。”目前也有自称“培米”（普米）、会讲普米语的人。四川凉山州盐源县有所谓“大头吐蕃”，就是普米西番人，川西南毗邻云南宁蒗县的木里县、盐源县是普米西番人的主要聚居区。

明代天启《滇志》对西番的分布地做了这样的概括:“永宁、北胜、蒗蕖凡在金沙江北者皆是。”据《明史·西域二西番诸卫》记载：“西番，即西羌，族种最多，自陕西（含青海、甘肃）历四川，云南西徼外皆是。”在明代，川滇边境的普米西番已是一个繁盛的族群。

明清时期，云南省怒江州兰坪县，迪庆州维西县，丽江市玉龙县、永胜县、宁蒗县和四川凉山州木里县、盐源县、冕宁县，甘孜州九龙县等地都有普米西番分布，与现今普米人居住地区大致相同。可见，普米族自元朝随蒙古军征大理有过一次大的迁徙之后，虽然还有小的流动，大体上分布区域自明代以来变化已不大了。

现当代——滇西北高原上的新主人

有关普米族的起源和迁徙历史，根据本民族的传说和历史文献记载，在秦汉时期，普米族先民是原来居住在今甘青地带的游牧部落，后来从青藏高原高寒地带沿横断山脉向温暖、低湿的南方迁徙，辗转大半个中国。13世纪中叶，一部分普米西番人随元世祖忽必烈远征云南。从此普米先民逐渐结束逐水草而迁徙的游牧状态，在广阔的横断山区定居，开始农耕生活。

千百年过去了，然而代代普米人始终怀念着北方的故乡。时至今日，在普米族的生活习俗及民族文化中，仍能看到远古游牧民族的遗风，在“戎肯—祭羊经”和历史传说中，对普米族的渊源和迁徙路线图有清晰的描绘。

一、沧海桑田，往事悠悠

作为中华民族的一员，普米族是一个古老而年轻的民族。早在远古时期，普米族先民羌人就逡巡于西北草原，以游牧为生，逐水草而居，直接参与了早期中华文明的构建。

二、抚今追昔，感慨万千

普米先民从荒烟落日中走来，从那遥远的雪山草原上，挥动牧鞭，驱赶着羊群，走向南方、走向文明、走向历史的前台。就云南普米族而言，历尽横断山脉风霜岁月，历经艰难岁月的荡涤、风雨的洗礼，至清末及中华民国时期，濒临灭绝，几近消亡。1949年中华人民共和国成立后，普米族人民方才迎来了他们的兴盛时期，与其他五十五个兄弟民族一同进入社会主义社会。在党的民族政策的光辉照耀下，云南普米族地区得到解放。民族识别的完成，使普米族成为我国民族大家庭中平等的一员。民族自治县、乡的成立，使普米族在现代社会条件下的生存、发展有了政治上的保障。自此，翻身得解放的穷苦普米大众，在滇西北这片雄浑富饶的大地上休养生息、重振家园。在滇西北高原的横断山深处，普米族人民成为新主人，普米族历史翻开崭新的一页。

迎接宾朋

第四章　普米族历史的“童年”

——远古走来的普米人

普米族是我国一个具有悠久历史、灿烂文化的古老民族，同时也是云南省世居人口较少民族之一。普米族历史悠久，口传历史可以追溯到4000年前的夏商时期。普米族源出古氐羌族群，历史上，西番先民经过漫长的大迁徙，沿横断山脉东侧江河流向地带，自北向南一路走来，上下几千年，纵横几千里，进入滇西北成为云南境内较早的普米族先民。

追溯普米族族源，一是根据《汉书》关于西戎和羌的记载，二是以普米族家喻户晓的口碑“直吾布只董，普米热贡祖”为依据，三是依据普米族“韩规”经典《习卜呆》之大祭羊中“动给扒洛”章节关于人类起源的记载。据《后汉书·西羌传》记载，公元前300～公元前700年，羌被秦西逐，羌人吾弋爰剑从秦逃奔到青海，被族人推为领袖。吾弋爰剑的曾孙“忍”和“舞”独留湟中并多娶妻妇，“忍”生九子为九种，“舞”生十七子为十七种，羌之兴盛从此开始。普米族称祖先为祖父九弟兄，祖母七姊妹（普米语称为“布查给”“迪查哼”），这与上述记载是一致的。据口碑，不论居住何地，凡讲普米语的同胞共同承认，普米族起源于“直吾布只董，普米热贡祖”，意为在雪水汇聚的地方，形成了普米四个部落。这概述了普米从古羌部落中脱离出来形成单一族群的历史。远古时代，普米族先民古羌人游牧在祖国西北高原上。先秦时期，普米族先民羌人居住在陕西、宁夏、甘肃、青海、四川西北部毗邻地区。汉、唐、宋时期，他们沿四川西部流经横断山脉的金沙江、雅砻江、大渡河向南迁徙到四川西北部及云南西北部边境。元世祖忽必烈南征大理时，部分西番人随军南下，最后定居于滇西北的丽江、迪庆、怒江、大理等地。

普米族“韩规”经典《习卜呆》大祭羊经书“动给扒洛”章节中说，人类起源在“斯巴亚米甲布”时代，这个时代只有口授经，没有文字。“斯巴亚米甲布”有九子，即普米族流传的祖父九弟兄。九子中有一子名“西戎早姓”，他的孙辈生了四个儿子。在传说的祖先九弟兄中，普米是其中四个儿子。普米从众羌中脱离出来形成单

巴夏炯西——神话故事中的生命起源之树

一族群约在传说中的夏代。普米语称汉族为“夏米”，即夏人，可以佐证普米先民与夏代的渊源关系。

创世古歌

普米族口传历史的大幕从神话传说中开启。在遥远的中国西南边陲——横断山脉的一个角落，在重重高山、浩浩大江所环抱的边邑——滇川藏接壤交界的土地上，世世代代生活着一个自称普米的山地民族。如何弄清这一古老民族的来踪去迹，这是一大难题。

人类从何处来？普米族来自何方？普米先民是什么模样？像世界上许多民族一样，普米族历史的童年从神话传说中走来。

对于一个没有成文史的民族来说，民间史诗是承载其历史信息的重要手段之一，这不仅仅是因为史诗隐隐展现出该民族的历史演变轨迹，成为弥补历史残缺的珍贵资料，还在于其内容与情节的背后映射出先民的思想观念。

普米族古歌大多在民俗活动，如婚丧仪式、亲友聚会、民间节日中演唱。演唱者多为老年人、祭司、歌手等。古歌《“直呆木喃”创世纪》就是富含普米族远古历史信息的鲜明例证之一。

茫茫的“直呆木喃”洪水时代，
没有天地和万物，
也没有生存和死亡。
宇宙全是黑压压的洪水，
没有白天和黑夜的迹象。

不知哪个世纪，
水底生长出一只大青蛙，
一气吸干滔天洪水，
也因此大腹便便。
出现宇宙和大地，
也出现光明和黑暗。

仁慈博爱的“喏提”天神，

为了繁衍世间万物，
他向大地撒下一把种子，
无垠的大地从此生息万物。

“直呆木喃”洪水时代，
普米像动物般野蛮蒙昧，
是舅舅青蛙指点普米寻到神泉，
从此普米渐生智慧超脱成人。

“直呆木喃”洪水时代，
普米还没有语言，
普米最初的语言是“阿唔依唔”，
从“阿唔依唔”发展成今天的语言。

“直呆木喃”洪水时代，
普米还没有歌调。
普米最初的歌是“阿哩啊哩”和“溜”调，
从最初的“阿哩呀哩”和“溜”调发展成今
天的九十九调。

"直呆木喃"洪水时代，
普米还没有火。
普米最初的火种是"冬撒介匹"雷神赐给，
普米从那时学会用火。
天火燃烧在深山老林，
烧死马鹿，
烧焦野猪。
普米从此学会用火。

"直呆木喃"洪水时代，
普米住的是树洞和岩穴。
普米最初建造住房，
是蚂蚁拖木钻穴教会的，
从那以后普米学会建造木楞房。

"直呆木喃"洪水时代，
普米还不会分白昼和黑夜。
普米最初分昼夜是雄鸡报晓教会的，
从那以后普米学会昼夜分时。

“直呆木喃”洪水时代，
普米不会识别颜色。
普米最初识别颜色，
是从黑白石头上学会的。
从那以后普米学会识别十二种颜色。

“直呆木喃”洪水时代，
普米不会储藏食物。
普米最初储藏食物，
是蜜蜂采花酿蜜教会的。
从那以后普米学会储藏食物。

“直呆木喃”洪水时代，
普米不会修饰装扮。
普米最初修饰装扮，
是孔雀开屏教会的。
从那以后普米就会梳妆打扮。

“直呆木喃”洪水时代，
普米不会做生意。
普米最初做生意，
是蜥蜴互易猎物教会的。
从那以后普米就会做生意。

“直呆木喃”洪水时代，
普米不会耕耘土地。
普米最初耕耘土地，
是钻山鼠抛土翻地教会的。
从那以后普米就会耕耘土地。

“直呆木喃”洪水时代，
普米不会劈竹编篱笆。
普米最初劈竹编篱笆，
是“顶巴曲印”山神教会的。
从那以后普米就会劈竹编篱笆。

“直呆木喃”洪水时代，

普米不会纺线擀毡。
普米最初纺线擀毡，
是蜘蛛织网教会的。
从那以后普米就会纺线擀毡。

“直呆木喃”洪水时代，
普米没有贵贱等级，
兄弟间像鸡蛋一般大。
普米的首领是猴王统领群猴教会的，
从那以后普米有了族长和伙头。

“直呆木喃”洪水时代，
普米没有“韩规”祭司。
普米最初的“韩规”祭司，
是鹦鹉学舌教会“韩规”诵经说唱的。
从此普米就有“韩规”诵经说唱祭神撵鬼。

“直呆木喃”洪水时代，
“韩规”没有经书。

“韩规”最初的经书，
是鸡头骨和羊头骨裂纹，
发展成今天的经书。

“直呆木喃”洪水时代，
普米不会分家。
普米最初分家，
是族长和伙头娶妻另居教会的。
从那以后普米就会娶妻分家。
…………

讲述创世古歌的老人

这一创世古歌通过丰富奇妙的想象，生动地反映普米族先民对天地、万物及人类起源的解释和艰苦奋斗开创人类文明的历程。显然，这首创世纪古歌的原型，是由上古时先民茹毛饮血的洪水时代，发展至中古时代各阶段社会生活的历史素材所构成的。透过它，我们可以在一定程度上了解到普米族先民远古社会生活的诸多方面。

洪水神话

普米族的“创世纪”与“洪水传说”是连成一体的。普米族中广泛流传着有关创世的神话故事——人与“粪人”相配的故事。

这些情节曲折、故事完整的古老神话，虽然是后世一再加工的结果，但是它也包含了许多有价值的资料。三兄弟、青蛙和仙女的故事突出的情节是“天仙配”，这反映的是氏族外婚制。三个仙女变为三种动物，是母系氏族图腾物的化身。至于以男人为主人，男主人居于故事的主导地位，以及把老三塑造成斩妖除怪的英雄人物等情节，透露出普米族这个创世故事完成于父权制的早期，但它也保留了对母系的尊重，把人类的始祖母——三姑娘，塑造成善良和智慧的化身等。对“阿构巴丁”（青蛙舅舅）的尊重也与母系制直接关联。舅权在普米族中相当突出，舅甥关系被视为最神圣的关系。因而可以得出这样的认识：普米族的“创世纪”不仅仅是有关开天辟地的故事，它还体现出血缘婚的残余形态和氏族外婚制。其时代的跨度包含母系制和父系制两个历史时期。

传说中的“毛人时代”

在普米族的民间传说里，对于远古的原始生活留下了朦胧的记忆。譬如有一个传说讲到，最古老的人是由猴子变来的，他们茹毛饮血，生活与禽兽无异。长相也与现在的人大不相同，满身长着细毛，猫着腰，腿不直，但却跑得很快，情急时就四肢落地，跑得飞快。当时，人类不知道取火，是打雷引起野火烧山，人们才尝到烤肉的味道可口，并由此获得了火种，后来，又懂得了钻木取火的方法。那时也没有锅，吃肉或是直接在火上烧烤，或是把肉放在盛满水的木槽里，将烧红的石头投进木槽把肉烫熟。还有一种利用兽肚煮肉的方法：在野兽的肚子里装上肉，用文火烧烤。到后来，又发现可以把泥巴糊在葫芦的外壳上当锅用。又由于葫芦烧坏留下一个更坚实的外壳而发明了土锅。普米族把这种原始器皿称为“扎脚里”，有一个擅长做土锅的能手名叫“戛母各”。

“韩规”占卜

第五章　从边缘走向主流

——普米族的社会组织

远古部落

历史上，原始的部落社会离我们十分遥远了，人类早已跨入文明社会，氏族、部落作为一种早期的社会形态，依然存留在普米人的记忆中。普米族是个喜欢怀旧的民族，传统的影子总是在生活中若隐若现，尤其是在一些特殊的场合，世代相传的古谱成为每个人的“名片”和“识别码”，从传统中找到相对应的位置，能察觉到彼此携带着共同的记忆。

普米族在形成民族共同体之初，经历了从血缘关系向地域关系转化的过程，普米的四大氏族形成部落政权后开始漫长的举族大迁徙。

四个部落原各有一个本民族的姓氏，后来又分为若干汉姓。以后的岁月里，虽随着人口的繁衍各自分散开来，但只要说起四个山头结盟之事，便视为同姓同宗，亲如一家，这是普米族自我认同的一个重要标志。

起源于大西北的羌人，在中国历史的早期，或射猎为事、或逐水草而居，后逐步向着西方和南方分散开来。普米族先民是起源于西北高原的古羌人，但民族共同体的形成应是南迁以后的事，

神路图

其中心区域应在川西的雅砻江和金沙江流域。13世纪初，又有部分普米先民随元军参战，南下进入滇西北，成为云南境内较早的世居土著民族。明清以后，陆续又有普米族迁入，逐步发展成为有别于四川西番人的单一族群。

氏族社会

由于历史发展的不平衡，古老的氏族社会的残余形态或多或少地保留在普米族的社会生活中，普米族普遍能说出自己所属的氏族名称，虽然氏族名称的含义大都已经无法解释，因同一氏族来自共同的祖先，该氏族祖先的名字后来成为同一氏族的名称。如尼贴——身强力壮；布梯——英勇果敢、能战胜盗贼和恶人；埃昂——说话时爱争强辩；开苏——嘴角歪裂；律布——像倒酒的铜壶。

在云南兰坪县，由于普米族居住集中、居住环境相对封闭、交通信息不便等原因，氏族组织仍保留得较为完整，氏族观念在某些方面仍然起着支配作用，如禁止氏族内婚，现在仍然是必须遵守的氏族准则之一，凡属同一氏族成员，无论相隔几代、居住远近，都不能通婚。这种通婚范围的严格限制，使普米族得以免除血亲通婚的弊害，这是社会的一大进步。

兰坪普米族氏族观念浓厚，历久不衰的原因，还在于他们把现在的氏族与祖先来源地的氏族紧密联系起来。作为一个普米人，只要诞生在世上，就属于某个氏族的成员，其婚姻行为就要受氏族原则的限制，死后不仅躯体要埋葬在氏族的墓地，而且他的魂灵也必须送回到祖先所在的某氏族村落之中，才算得到美满归宿。这在客观上促使普米族的氏族关系得以长期存在，历久不衰。

维持普米族氏族组织的另一个因素是氏族的宗教活动，每个氏族都有本氏族共同的祭祀神，如山神、龙神、树神等，每个氏族的山神都有专有的命名，如云南兰坪县箐花村的“固察撒林留”“惹润喜林留”“枯达扪夏”三个山神分别属于三个氏族，每个氏族都把祭祀活动看作与氏族安危、兴衰、荣辱密切相关的大事。

氏族有公共的墓地、山林、牧场等公共财产，属于同一氏族成员共同使用，其他氏族不能侵占，若需使用，必须征得该氏族的同意，并支付一定报酬。在中华人民共和国成立后，氏族公产被划归集体，氏族所有制随之消失，但仍留下公共墓地归氏族所有。普米人死后仍按各自的族属安葬在氏族墓地之中。

同一氏族共有的墓地。左边为由土石块堆砌成的传统坟墓，右边为大理石墓碑

家庭奴隶制的残余形态

近现代普米族社会还保留着落后的家奴制度，普米语称奴隶为“乖”，即“替别人效力者”的意思，汉语称为“娃子”。家奴制度作为奴隶制的残余

形态，一直延续到中华人民共和国成立前夕。其中较为典型的是云南兰坪普米族的家庭奴隶制，它历经300余年的兴衰沉浮。中华人民共和国成立前夕，普米地区万劫不复的家奴制度在现代文明之风的席卷下，沉沦于四面楚歌之中。

中华人民共和国成立前，在云南兰坪通甸、河西等地的3000多名普米族人口中，奴隶有199人，他们分布在17个村的70个家庭中。兰坪全县普米族约有家奴300～350人，占当时普米族人口的8%左右。

从兰坪普米族的生产力发展水平看，家庭奴隶制重新崛起的时期大约在他们迁入兰坪以后的200年前后，即16世纪末到17世纪初。这一时期，普米族家庭占有奴隶的现象相当普遍，奴隶已不再是少数家庭的专利工具，而是成为普米族家庭的普遍财产。

兰坪普米族取得家奴的方法有三种方式：一是廉价购买破产农民；二是收留拐卖的人口；三是陪嫁奴隶。奴隶的来源主要是澜沧江沿岸傈僳族、怒族和拉玛人，奴隶的地位极其低下，完全丧失人身自由。为严格区分主奴身份，普米族主人对奴隶规定六个不准：一是不准奴隶建立家庭；二是不准奴隶同普米族结婚；三是不准奴隶上学；四是不准奴隶参加主人祭祖；五是不准奴隶上桌子陪同客人吃饭；六是不准奴隶死后葬入主人坟地。因此，当一般自由民沦为家奴后，就终身变成奴隶，不仅本人不能重新赎身恢复为自由民，

家奴居住的破败简陋的房屋

奴隶的后代也成为终身奴隶，奴隶在奴隶主眼中被视作仅是会说话的工具。

尽管处在没落时期的家庭奴隶制已经没有原始奴隶制那样残暴，但家奴终究是社会最底层的受苦人，1949 年云南兰坪解放后，残留在兰坪土地上这一人类历史上最不合理的残暴的奴隶制残余制度，终于宣告彻底灭亡，吃尽苦头的奴隶们获得自由和解放，成为共和国平等的一员。

土司政权

元代，在全国统一建制下，云南宁蒗县永宁、蒗渠两地开始设置世袭土司。至中华民国时期，永宁土司共传 26 代，历时 670 年；蒗渠土司共传 24 代，历时 670 年。明清时期，云南内地有的实行改土归流，但宁蒗由于特殊的社会历史原因，仍保留土司制度。直到中华人民共和国成立后的 1956 年进行民主改革时，土司制度才彻底废除。

南北朝时期，永宁土司始祖西番人“泥月乌”战胜吐蕃，遂居永宁。元宪宗三年（1253 年），“泥月乌”后裔“和字”内附。至元十四年（1277 年）年置答蓝管民官。至元十六年（1279 年）改置永宁州。元二十四年（1287 年）属北胜府。明洪武十四年（1381 年），原为元朝的土官“卜都各吉”率部随明军征战有功，授永宁州知州职。自此世代传袭，直到中华民国。

唐初，蒗渠为“罗共赕”地。至元九年（1272 年），“罗共赕”内附。至元十六年（1279 年），改“罗共赕”为蒗渠州。明洪武十四年（1381 年），蒗渠州土官“阿的”投诚并随营征战，授蒗渠州知州职。自此世代传袭，直到中华民国。

永宁土司原系西番人，至清乾隆年间政权转入摩梭人手中。蒗渠土司为摩梭人，蒗渠土司元代即为阿姓，永宁土司原系父子联名，自天顺二年（1458 年）传至“阿苴”，始以“阿”为姓。明永乐三年（1405 年）土知州“各吉八合”率“板必他”“次郎”“卜吉分”“阿只苴”四西番伙头入京朝贡，得到永乐帝嘉奖。于永乐四年（1406 年）升永宁州为府，隶云南布政使司，授“各吉八合”永宁府土知府职及中顺大夫衔（文勋正四品），所部“香罗”“革甸”“瓦鲁之”“刺次和”设立四长官司，各长官封为忠显校尉（武勋从六品），各给印章、赐冠带彩币。

据明正统三年（1438 年）《永北府志》卷七记载，明天顺年间，因永宁、盐井卫土官争地不断仇杀，故设流官同知、经历各一员，于澜沧卫城内建立官署，掌管印信，保护地方。土官知府仍为阿氏世袭。清康熙三十七年（1698 年），永宁府掌印同知改为永北府同知，永宁府所辖四长官司废除。

缝制服饰

土司职务的升降主要视其在征调、朝见、贡赋、改朝换代中的功过决定。如永宁土知州“各吉八合”，因进京朝贡而封土知府职及中顺大夫军力衔。又如清道光二十七年（1847 年），浪渠土知州“阿为柱”，因军务有功，赏加印同衔。但无论升降职或是袭职，土司统辖的区域不变。土司衙门内部有若干职事，其最高统治者称为“司匹”，其下设总管、肯布（分封土舍）、把事（副总管，协助总管处理具体日常行政事务及经济事务）、司爷（由有文化的汉人或其他懂汉文的人担任）、管人（掌管衙门内部各项具体事务）、总伙头（基层行政组织首领，管辖几个连片的自然村）、伙头（管辖一个至几个自然村）、排首（管辖一个大自然村或几个小村）。伙头、总伙头直接向各村寨人户催收钱粮夫役杂派等。府州以下，各地区有分守衙门，由土司亲属坐守。

封建土司建立了一套严格的政治组织制度。土司职位是子袭父职，但也有特殊规定。明初定制，承袭时须到朝廷面见皇帝，进贡请恩。自明天顺后，改在各省布政使办理袭职手续。永宁土知府自“卜都各吉”开始，一直顺承至中华民国年间的阿民瀚。蒗渠土知州元、明两朝承袭无替，至清初，知州“阿尚义”投诚，但在战争年间遗失了印信号纸，无凭交换，布政司仅给蒗渠州土舍委牌受理地方。

在云南宁蒗永宁、蒗渠等土司领地，实行“巴一纳日”（西番—摩梭）联盟的政治制度。

民　居

明洪武十四年(1381年),原为元朝的土官“卜都各吉”率部随明军征战有功,授永宁州知州职。元代,云南宁蒗县永宁地区成为西番人的重要聚居地,元朝指派其首领担任土司职务。明初,永宁土司仍为普米西番人任职。

据《土官底簿·永宁府知府》记载:“‘卜都各吉’,澜沧卫西番人,先系本州土官,洪武十六年征南将军札拟本州知州。故,男‘各吉八合’,二十九年八月,西平侯启岷府给授冠带,题奏实授,备马令男‘卜撒’赴京进贡,就关诰命。永乐四年(1406年)四月奏:这知州不曾引,如今他的把事通事来请旨。奉圣旨:‘那知州先与他诰命,却去照勘。钦此。’本月引结。奉圣旨:‘如今升永宁州做永宁府,就升他做本府知府,属云南布政司管。这知州的诰毁了,另写与他知府的诰命,就将西番字译在诰里面。钦此。’当奏永宁州升永宁府,合照元江、广西二府事例,再除同知、通判、经历、知事、照磨、检校,他永宁州原有一个同知胡本、吏目胡成，取来分别用。奉圣旨：‘因各吉八合有功，就升那胡本做本府同知，胡成做经历，再除一个知事去，其余的官俱不除。著礼部铸印与他去。钦此。’老病。“卜撒”告替，永乐十二年闰九月，引奏准替。十五年，“各吉八合”“卜撒”被土官千户“喇马非”等杀死。弟“南八该”，黔国公“沐晟”等保袭。二十年十二月，奉令旨：‘是，钦此。’故太监总兵罗珪等奏，亲男“阿苴”应袭，要令就彼冠带。天顺二年六月，奉圣旨：‘即罗珪每奏，‘保得阿苴’系南八该亲男，且准他袭。还行文书去覆勘将来。钦此。’故庶男‘阿绰’，成化二十一年袭……”这是《土官底簿·永宁府知府》对永宁府任世袭知州到知府的西番人（普米）“卜都各吉”—“各吉八合”—“卜撒”—“南八该”—“阿苴”五任知府，如何受到元至明朝皇帝的委任和大权旁落到“阿苴”知府妾纳西（摩梭人）族之子“阿绰”手中的详细记录。

1983年，杨照辉①到云南宁蒗县永宁区调查普米历史文化时，摩梭干部群众介绍说：据老人讲，最先永宁府知府是西番人任职的。到五任以后，西番知府没有子嗣袭职，娶摩梭妾生了一个儿子，儿子袭知府后，大权就落入摩梭阿氏家族手中。杨照辉认为这个传说与《土官底簿》记载的基本上是吻合的。在西番族人“卜都各吉”为永宁州知州以前的元代，由于西番军为元军作战有功，元王朝曾任命西番首领“撒加布”为建昌路（今四川西昌地区）总管。泰定三年（1326年）八月，“撒加布”向元王朝贡献万物。“达鲁花赤”李福在至元三年（1266年）招谕西番的民族部落酋长内附，西番人“的阿奴”“版的哥”等也被任命为“喝吾”等处的总管。事隔多年后的明洪武十六

① 杨照辉（1944～2016），男，普米族，云南省兰坪县人。云南省社科院民族文学研究所研究员。注重田野考察，研究课题主要方向为普米族和其他相关民族历史文化的异同及其相互影响。主要著作有《普米族文学简史》《普米族文学大观》《白狼歌辨析》《综述普米族的生活习俗》《略论普米族神话与其他民族神话》《普米族与羌藏等民族语言的比较》等。

年（1383 年），明王朝照样任命西番卜氏家族任永宁府的世袭知府。这个历史在《元史·世祖本纪三》和《土官底簿》等文献中都有记载。在“卜都各吉”“各吉八合”“卜撒”“南八该”“阿苴”等任永宁知州到知府期间，毗邻地四川盐井卫“喇马非”为代表的纳西（摩梭）头目一直无视明王朝委任的西番命官，始终没有停止过颠覆永宁西番知府的斗争。喇马非于明永乐十五年（1417 年）公然杀害“各吉八合”及其子“卜撒”两任知府后，继而又利用“阿苴”知府没有子嗣承袭知府这一弱点，让其摩梭妾所生的庶男“阿绰”充当知府，篡夺了永宁府知府的政权。

“韩规”经堂

从历史上看，今四川盐源、木里和云南宁蒗县永宁地区，自古为西番人、摩梭人杂居的区域，普米谚语说“巴纳日，知根恨尼”，意为“西番和摩梭是一块土地上的人”。这一广大区域，非指单一民族所居，起码包括今天的纳西族、普米族、藏族及纳西摩梭人的先民在内。元亡明兴，明朝廷鉴于西番跟元朝的特殊关系，而封本地摩梭酋长为土司，统辖治理本地，颇有“一朝天子一朝臣”的深意，普米等民族皆为所属土司的百姓。

旧时，土司是政教合一的封疆大吏，一手遮天、呼风唤雨、为所欲为，手握生杀予夺的大权。土司在领地内巡视，每到一村，由伙头组织百姓前往觐见，按规定数额贡送礼品，或整头猪、或整只羊、或酥油、或醅酒不等。土司去世，每户百姓要送一匹马；土司夫人去世，送一头牛；土司长子“穿裤子”或结婚，送一匹马；土司女儿“穿裙子”或结婚，送一头牛。百姓向土司承租的每股地，每年要向土司交纳粮食数十斤，盖房“房板”数十块，山竹编织的簸箕数十个。另外，每村每年还须交纳一只獐子、一只麂子的“猎租”。在土司治下，普米人狩猎要交纳“猎租”山税，所获猎物的兽头、前脚、虎皮、豹皮、麝香等上等品必须奉上给土司头人，余者平分。

普米族迁入川滇边境时间较早，当时这些地方人烟稀少，因而普米族占有大片山林土地。元代开始，在普米地区设置土官，明朝实行土司制。普米族地区土地分为两大部分，一部分属于土司领地，俗称“官地”，土司是最大的领主。另一部分属于普米族百姓，他们一般都有一块份地和少数出租地，可以世袭、转赠、出租和抵押，但不能随意买卖。旧时民谣说道：“最穷的西番，也收三石租。”

中华民国时期云南宁蒗永宁地区喇嘛寺

土司委派伙头对普米族村寨实施统治。伙头是基层组织，有固定的管辖区域，由普米人担任，俗话说“一山一老虎，一村一伙头”，伙头的职责是征收钱粮，调解纠纷，维持秩序。伙头可以世袭。土司分给伙头一块俸禄地，称为“伙头地”，作为报酬。

在土司治下，普米族百姓与他民族百姓相比，又有一些区别，虽承认其隶属关系，受土司的剥削，但在内部仍保留以“散羊毛疙瘩”的形式作为反对土司及其属官，或发生紧急军情时的民主权利，并成为传统惯例。凡土司、总管、头人做事不合规矩，便可由“斯子”（百姓的领头人）出面，以“散羊毛疙瘩”的方式，作为其联络通信手段组织集合队伍，冲进土司衙门，抄没家产、宰杀牲畜，土司及属官只得认罪，不许违抗。“散羊毛疙瘩”是向各个联络点传递消息，通知集合队伍，与土司及属官作斗争的一种特殊手段。方式有两种：其一是一条打了许多结的羊毛绳，结的数目等于联结点的数目，一旦做出“散羊毛疙瘩”

的决定，就由动作敏捷的青年人立即传出，每到一个联络点便解一结，并由该村青年立即传给下一个联结点，直到解完最后一结，传递时要求迅速而机密。其二是在一条绳子的总根子上，分出若干小羊毛绳，一个联系点就有一根小羊毛绳，每条羊毛绳上都打好相同数量的结，代表相距集合的天数，再将羊毛疙瘩拴在两块小木板上，木板中间夹着一根鸡毛、一个辣椒、一块木炭、一节骨头，意味着行动要像飞一样迅速，士气要像辣椒一样浓烈，心情要像木炭一样炽热，团结要像骨头一样坚定。“羊毛疙瘩”所到之处，必须停止一切活动，全力以赴准备出征。这是普米族每个男女成员保护集体利益的义务，也是光荣职责，对此人人争先，不甘落后。“散羊毛疙瘩”的组织，主要以地缘为单位，有时包括几个

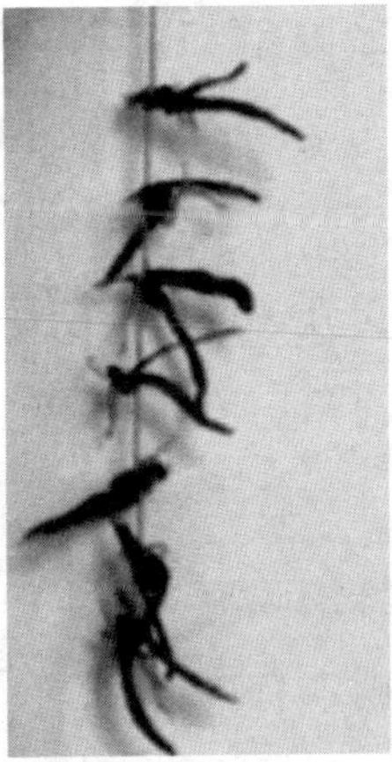

羊毛疙瘩

村，有时只有一个村，每个村中又有不同的家族。集合地点较为固定，一般选在开阔的平坝，可放牧，但不许种庄稼。假如“散羊毛疙瘩”反对的是土司，则土司必须不穿鞋、不戴帽、不骑马，向反对族众赔礼道歉、承认错误。如果反对的是一般属官，则要没收其家产和宰杀牛羊。被反对的领主如果赔偿损失，承认错误，仍可当官，没收的财产也可退回。“散羊毛疙瘩”是普米群众联合对抗土司官家的一种行为方式。因先有百姓后有官，所以土司承认普米族人有“散羊毛疙瘩”的权利，摩梭百姓和其他族可以响应，但无权主动发起“散羊毛疙瘩”，如 1945 年宁蒗八翠拉垮伙头曹格苴等“散羊毛疙瘩”聚集永宁、八翠、沿江三个乡民众千余人，反对八翠乡长田正忠，最终由宁蒗设治局长出面解决，田正忠被撤职。

普米族作为土司管辖的百姓，却享有较为特殊的政治权利，有自主婚姻和人身自由，对所属财产有自主权，在土司辖区内可以自由迁徙。普米族承认摩梭土司的统治地位，土司则保障普米族的和平生活和人身自由的权利，在宁蒗永宁，普米族可以骑马进内坝，觐见土司时允许穿金边衣裳等。土司可以任意处罚摩梭百姓，可以将他们罚作奴隶，但对普米人却不能任意行事，普米族在摩梭土司统治下享有一定特权。

当土司家人亡故时，在身披牛皮甲、挥舞大刀的普米武士的引导下，普米族人成群结队浩浩荡荡前往土司衙门吊丧，质询老土司死因，此时，新土司率其眷属跪伏于普米队伍前，哭诉情由，请求饶恕，深表尊崇之意。

普米族人成群结队前往土司衙门吊丧

封建领主制

明、清和中华民国时期，在与汉族、纳西族、白族等民族接触较多的云南兰坪、玉龙、维西、永胜等地区的普米族，推行改土归流政策后废除世袭的土官（土司）制度，由中央直接委派流官治理。在丽江，自清雍正元年(1723年)改土归流以后，废除领主对土地的所有权，土地为百姓所有，并规定土地可以自由买卖，普米族百姓从向土司交纳钱粮改为向地方政府纳粮。与此同时，外界的先进文化也就较为容易地输入普米族地区，汉族移民和汉商的大量进入，既带来先进的生产技术，也刺激了商品经济的发展。同时，贫富分化的现象也进一步加剧，产生无地或少地的贫雇农和占有大量土地的地主、富农、高利贷者等不同阶层。雇工和出租土地等剥削形式在普米族中也得到发展，促使这些地区由领主经济演变成地主经济。

先前，无论云南兰坪还是丽江，普米族大多

属于拥有部分土地的自耕农，极少沦为佃农。后来，随着普米族中的头人将共有的“公山”“公地”招佃出租，雇请长工种田放牧，出现一部分家庭殷实的地主、富农，如兰坪普米族地主杨宪廷一家，就占有800多亩土地和40多个家奴，箐花村三分之二的农户成为他家的佃户。佃户每年都要给地主砍柴，每逢年节或遇到地主家有婚丧等活动时，还得向地主送礼、服劳役。

在实行“改土归流”以后，普米族的生产力得到提高，生产水平与当地汉族大体相当。同时，由于与外界接触较多，这些地区普米族的人文风俗也就受到外族较深的影响。他们大多改穿汉族、白族或纳西族等民族服装，妇女也不再穿本民族的裙子了。

社会主义社会

20世纪中叶对于普米族地区和普米族来说，是一个划时代的开始，普米族获得新生。几百年的阶级剥削、阶级压迫和民族歧视，在这个世纪的后半部分一下子消失得无影无踪。中华人民共和国成立以来，特别是改革开放以来，在党的民族政策指引下，普米族在政治上实现平等，经济社会和群众生产生活发生了翻天覆地的变化，普米族历史掀开了崭新的一页。现代工业百废待举，教育、科技、文化、卫生各项社会事业齐头并进，民族干部、专业人才队伍从无到有，普米族丰富多彩的民间文化得到发掘和保护。具有浓郁民族特色的普米族诗歌、音乐、舞蹈走出民间、走上舞台、走向世界。改革开放特别是精准脱贫攻坚以来，普米族聚居区公路乡乡油路，村村硬化，组组通达。所有村民小组通安全饮用水、通动力电，全部农户通生活用电，广播电视信号覆盖所有农户，网络宽带开通至村委会、学校和卫生室。乡中小学校、卫生院、文化站、村级公共活动场所达标，乡村医生数量和病床数量按脱贫标准要求配齐。人口素质得到显著提高，群众生产生活得到显著改善，各项社会事业建设取得长足发展。

普米族群众生产力水平显著提高。普米族地

区在种植传统作物的基础上，大力种植经济林果、中药材，推广优质良种，修建蔬菜大棚，改良、引进大小牲畜良种，改变耕作方式，引进农业机械，生产力得到空前解放，实现整族脱贫致富奔小康。

中华人民共和国成立以来，普米族人民的政治地位得到显著提高，历尽沧桑苦难深重的普米族人民在党的关心下，成为滇西北雄浑大地的主人。

国家级非遗项目“拈达则”保护传承活动

第六章　世代传承远古风

——传统普米族的生存状态

云南普米族地区，尤其是普米族聚居区，在传统习俗方面至今仍较为完整地保留着古老的印迹。普米族千年的文明史，厚重的文化积淀深埋于族人心间。历史上，相对封闭内向的生存环境，单一简洁的社会交往，严格的族内婚姻形态，高度相似的生产生活方式，一以贯之的信仰习俗，使得普米族文化传统的魂传承至今、风貌犹存。普米族人不论居住何处，不论从事何种职业，都或多或少受到传统的影响，传统的血液流淌在每个普米人的心间。普米族人的一生中传统的东西如影随形、常伴左右。

居室建筑

村寨村貌方面，村寨大路口有“嘛呢堆”、寨门（普米语称为“者共”），寨门上有神鹰图案或神鹰塑像，意为村寨守护神。村寨高处有一座高大的“塔瓦”（意为山神），是逢年过节时进行祭祀活动的场地。“塔瓦”旁边树立一棵高大的“拈达”树，象征生态保护。每个村寨都有龙洞，龙洞是祭祀龙王，祈求风调雨顺的活动场地。

寨门，为古代麦架造型，四周竖立柱子，大门两边设有门神及对联、横幅，大门顶端中央放置“卡中”，两端放置“德迪”和羊头斗拱。寨门是普米村寨的标志，浓缩了普米传统文化的精华和审美观。

寨门顶上有“卡中”、鹍鹏鸟的图案，门神为“韩规”八宝图，对联用“韩规”文（古藏文）和汉文书写“宏宏达达、得典得诺”（和谐平安、繁荣富强）字幅。四方有东西南北四尊守门神。屋檐上绘八瓣莲花图案，周边有长城望不断线条。

宁蒗县牛窝子村寨门

大门的大小高低依村寨大小而定，一般高不低于5米、宽不低于6米。

普米族有重视生态保护的传统，民间信仰“日增神”（山神）。每个村寨都要绿化环境，形成绿树成荫的景观，都有自己的神山（普米语称为“依增各”）。每个家族有自己的寄骨山（普米语称为“如居境”），有水源龙洞（普米语称为“萨达鲁以甲布”）。神山上有“塔瓦”（相当于古代皇帝的祭天神坛）、“拈念达树”（和谐平安塔）、有“德迪”（五彩福旗），有“松塔”（煨桑塔）。

村庄周围的树林上插“甲采子木”旗，挂“龙达巴”旗，龙洞和水源林有龙神图、龙神门，村子中间修建一个“嘛呢董布”（嘛呢堆）。

建筑，建筑是地域民族文化向外敞开的一道橱窗，透过这道窗口，释放出一地居民或一个地区的生存哲学和审美观。房屋结构方面，云南普米族聚居区以木楞房为主，四川地区的普米族聚居区以石板房和土粘房为主。富裕家庭有四合院，楼上住人和储藏物品，楼下用作畜厩。云南兰坪、玉龙等地建筑与白族、纳西族房屋建筑相似。现当代以来，土木结构、砖混结构和钢混结构房屋并存。房屋不论什么结构都必须有一间大堂屋（普米语称为“金玛”），古代有“金玛给座”（祖屋九间），整栋房屋由九间房组成，后来由于时代的变迁逐步简化，但堂屋房间的格局和装饰至今未变。

普米族以血缘关系聚族而居，普米村落大多分布于半山缓坡地带，村落无统一布局，一般由若干院落组成。比较典型的院落是四合院式的，包括正房、东厢房、西厢房和门楼。

木楞房（平房）

木楞房（楼房）

历史上，由于居住在山区和大森林之中，普米传统住宅几乎是清一色的木楞房，大门、围墙、畜圈等配套设施均用原木构筑。

“金玛给座”（祖房九间），普米族传统建筑模式的精华，体现普米族典型的建筑风格和建筑理念，反映出普米先民的聪明智慧。“金玛给座”整套建筑呈长方形，一房内分九室，包括堂屋、卧室、生死房、储物室、粮仓、厨房、经堂等。各房间功能不同，配套设施完善，与现代建筑公寓式房屋结构相似。此种建筑格式原来在普米族聚居区较为普遍，但在“文化大革命”期间遭毁坏，被分割成零散小间，所以完整保存的很少。“金玛给座”整套房呈长方形，四壁全由圆木上下叠接而成，在四角交接处，砍出码口，上下左右卡紧，不用铁钉。堂屋内的陈设主要是火塘和床。火塘也就是所谓锅庄，原是火塘中架铁锅的三块石头，后来大都改用铁三脚。铁三脚不易损毁，世代相传，是家里贵重的器物，越大越彰显本家庭的富裕。近代所说的锅庄，是指火塘上方一块带有宗教色彩的石头，人们每日向它敬奉，祈求人畜平安、五谷丰登。火塘边的座次有很多讲究，一般是男左女右，长上幼下。

“金玛给座”平面图（曹文山　绘制）

平面图中1~9为9间房屋的标注。1为堂屋，称为“井”。3为内室，平时储物，老人去世时，会在此屋内挖坑存放。4为粮仓，分为不同的小格，存放各种粮食，同时也会喂养蜜蜂。8为厨房，仅是用于煮牲口食料，其余各间皆称为内室。第10、11、12、13处的榫头是从门楣以上才开始衔接。第14处榫头的联结方法是先将一圆木加工成水槽状，内宽口窄，然后将木榫头依次嵌入其中，上部直顶房梁并压稳。九道门都是从第二根木头开始（普米语称为“给迪拟在”），高约1.4米、宽约0.8米。

普米族房屋建筑依山坐落，正房坐西向东，也有坐北向南的，一般为木楞平房。规格为长三丈八尺、宽一丈四尺，隔成三间，堂屋占两间（不间隔），尾间作仓库和贮藏室。

进入堂屋，贴着山墙是神龛（普米语称为“黑东”）。神龛水平位置分为左右中三块区域，上中下三台，形状为矩形木柜，由若干抽屉和柜子组成。神龛面积大小与山墙吻合，经木工精雕细刻而成，工艺分为木雕和彩绘两类，有“韩规”八宝、莲花、长城望不断图等图案。神龛兼有供奉神灵、美观装饰、贮放物品等多种功能。神龛上摆放普米族家庭必备的神圣三宝：“德迪”（五彩福旗）、海螺、“茸叶吉吉”（祈福经）。

神龛靠右区域，供主妇摆放茶、酒和零食，正中间第二台设置“宗巴拉”（财神）。“宗巴拉”下面是锅庄，锅庄前面是火塘，火塘之上放置铁三脚。神龛靠左区域隔成两小间，左小间从第二台设祖先灵堂，右小间从第二台加高设神堂（普米语称为“黑金”），内置“丁巴辛饶”神像。

堂　屋

从“宗巴拉”—祖先堂—神堂的位置看是梯形式上升。从水平位置看，“宗巴拉”—锅庄—火塘的位置又是梯形式下降。

火塘左方是男人的座位，右方是女人的座位。堂屋的另一端设置“哈里铺”（上火铺），“哈里铺”高约二尺，长宽约一丈，用木板做材料，一方为入口，其余三方为矮床，中间设火塘，上方设置一个神龛（夹柜），四方皆可落座。

宗巴拉前方左右各摆设一对花瓶、一盏灯、净水碗一组（7个）、一个香炉及祭献的贡品。祖先堂和神堂前摆设与此相同。节庆时，灯盏明亮，

“哈里铺”是招待宾客和休息的地方

香烟缭绕，神龛上灯火辉煌。祭锅庄时，全家成员向三堂祈祷磕拜，祈求富裕、繁荣、幸福、平安。

堂屋是一家人日常生活的场所，也是招待客人的中心，房子中间设一个中柱。

堂屋门楣上粘贴“那主翁典”图像，也有的挂神鹰图，有的挂羊头，有的挂“丁巴辛饶”印章，示意避邪。屋脊两端放置羊头瓦，正中放置“卡中”，其上“甲采子木”旗帜迎风飘扬，示意天神保佑家庭逢凶化吉。屋檐上两端的羊头瓦之间悬挂“龙达巴”旗帜，意为新的一年吉祥如意，幸福安康。

松 塔（煨桑塔）

山墙外相隔一丈远处，砌筑一座六尺高的“松塔”（煨桑塔）。每日清晨，老人在松塔内燃烧松枝、柏香树枝，献上茶水、牛奶、蜂蜜、炒面、酯等敬品，以此祭祀天神、山神、龙神、战神等诸多神灵，保佑人们吉利、幸福、平安。

正房前方为一栋平房或楼房，正房对面为一栋楼房，有三至五间，楼上做宿舍，楼下做畜厩。正房下方为一栋楼房，三至五间，中间是大门（堂屋门与大门方向错开），楼上储藏饲草，楼下做猪圈。大门门额上张贴神鹰图案，意为护家神。左右门柱上张贴八宝图，意示吉祥。整个建筑物构成一栋四合院，院内的院坝在秋收时做打场，节庆活动时做歌舞场所。

近年来，随着经济的快速发展和文化进步，内室增设客厅、电视房、厨房、厕所和洗澡间等功能房。

衣冠服饰

普米族服饰带有明显的地域色彩，因受居住地周围其他民族的影响，各地服装款式不尽相同，如云南宁蒗地区受纳西族摩梭人影响较大，云南兰坪地区受白族服饰影响明显。不同年龄阶段着装也不相同，从时间上看，普米族的服装有一个从游牧状态到农耕状态的转化过程，这一特点从面料到款式都有明显反映。

宁蒗普米族上装男女相同，下装有别，男穿裤、女穿裙。

男士一般是上身穿大襟衣，下身穿大裤脚，腰系红毛布带，佩带吊腰刀。衣裤颜色有深红色、青色、蓝色和黑色等，上下装颜色不对称。脚穿牛皮鞋或大靴子，裹绑腿。老年男士一般着猪肝色、黑色、蓝色等深色服装，外穿长袍，腰束深红带子，头戴毡帽或金边帽。

女士一般是上身穿大襟衣，外配一件褂子，下身穿裙子，腰束花带子，脚穿皮鞋或布鞋。青年女性系黑丝线加珠串作头饰，耳垂银耳环，手戴金银镯或金银戒指。老年妇女头包黑布帕，耳

云南宁蒗县青年男装

云南宁蒗县青年女装

云南宁蒗县老年男女装

垂银玉片耳环。青年人喜欢鲜艳色彩，老年人喜欢素色，上下装颜色不对称。

老年妇女佩戴的耳坠、珠饰

随着历史的进步和生产的发展，云南兰坪普米族的服饰在式样和布料的选用上有所变化，同时，还吸收邻近其他民族的服饰特点，兰坪和玉龙的普米族吸收了白族、纳西族服装元素，但也保留自己服装的特色，如老年妇女脖子上挂一串

云南兰坪县老年男女装

珍珠，发辫上加挂五色珍珠玛瑙。胸前系花边围腰，衣领用白银制成八仙过海神像。腰带上系开锁铜钥匙，身披白绵羊皮，系毛布腰带，下身穿裤子，衣服左衽，外穿毡鲁挂子。

兰坪青年女子穿绵褂子，袖口绣五色五道花边，与四川盐源木里妇女服饰相同，这是正宗的古代普米服饰，不同的是不穿裙子，穿裤子。

男人服饰与白族男人相似，上穿对襟衣，最外披长城图案的花边马褂。老年人着清朝汉族服饰，穿长衫马褂，不同的是汉族人头戴瓜皮帽，普米族人包青布、黑布大头帕，男女相同。现在，老人去世也穿这样的服装。

云南兰坪县青年男女装

兰坪青年男子婚礼服饰为长衫马褂，但不包头，头戴礼帽。

普米族男女少年12岁以前均不穿裤子和裙子，穿同一式样的长衫，头戴与蒙古族妇女相似的帽子。

少年装

在服饰颜色的选用上，各地青年妇女喜欢绿色，中年妇女喜蓝色和灰色，老年妇女喜蓝色和黑色。

制作裙子时，把布料角剪成12幅，大头朝下小头朝上，中间用红线缝一条线（普米语称为“纳珠”），传说是历史上的迁徙地图。

老年妇女后背披一片绵羊皮，青年妇女后背披一片山羊皮。男人用毛布、麻布、棉布做绑腿，披山羊毛或牛毛制成的毡子(普米语称为“皮里”)，进山时用作雨衣。做农活时腰插砍刀和长刀，现在四川木里县依吉乡还保留着这种服饰。

社会教育

历史上普米族人有重视社会教育的传统，至今仍沿袭一脉相承的尊老爱幼、和睦乡邻、善待他人的古风。普米族人在处理人与人关系上，重视社会公德、重视家族伦理道德。在处理人与社会关系上，能与时俱进，有很强的社会转型能力。在处理与中华民族关系上，认为他是中华民族整体的一部分，有很强内聚力。普米家庭对后代教育的重视，远远超出一般人的想象，普米族现代教育得到长足发展，尊师重教蔚然成风，供养子女读书成为家庭的头等大事，就是家里只剩下一只老母鸡，也要卖了交学费。正是因为这样，普米家庭即便处于生活贫困、环境不利、教育条件差的情况下，受教育的程度仍然普遍较高。

改革开放以来，普米族人充分利用国家实施

的一系列帮扶人口较少民族发展的政策，发挥自己综合素质较好，协调沟通能力突出，商品意识、开放意识和自我发展能力较强的优势，在经济建设上实现了史无前例的跨越，而今普米族与全国各族人民一起昂首步入小康社会。

中华人民共和国成立后，普米族的历史翻开了崭新的一页。普米族人对人生的认识转向务实和理性，在传统与现实，民族性与现代化，习惯法与法律之间，努力实现软着陆。普米族浓郁的民俗色彩逐渐淡化，纷繁芜杂的程序趋于简化，但其核心的文化内涵仍然流传于世，如重视文化教育，包括幼儿教育，尊老爱幼的礼貌教育，从小树立平等、博爱、友善、公正、重礼节、讲卫生、爱护环境、懂得禁忌与习惯法的积极向上的价值观，如教育男儿争做“母足”（天之子），女人要争做“母熟母析”（纯洁的女人、女强人），老人要做到“妈嘎取”（当好家）、“更嘎取”（管好牲畜）。

习惯法是普米族人进行社会教育的传统教材。习惯法经过历史上漫长实践自然形成。习惯法作为不成文的法律，在一定程度上反映了普米族的社会特征和礼仪习俗，对普米族传统的社会教育进行规范、引领。这些不成文的民间法规有的随旧制度的破除而消亡，有的仍保留下来，成为教育后人恪守传统、文明礼貌、敬畏自然、善待他人的有益教材。习惯法所反映出的合法、合理、自由、平等、民主的思想内容，至今仍闪耀着理性的光芒。

德高望重的老人现场讲解习惯法

同时，普米族传统禁忌明确规定普米族人应该遵守的社会行为准则。这是对后人进行恪守优良传统，传承悠久民风民俗教育的好教材。

经济生活

历史上，普米族经历长久的游牧生活，定居滇西北以后，逐渐向农耕过渡，现今以农为主，但畜牧业在生产生活中仍占有一定比例。过去，普米族社会基本上处于自给自足的自然经济状态，生产力发展缓慢。现在，农业是社会经济的主要命脉，并兼营畜牧、家庭手工业和赶马经商等活动，其生产力发展水平与周围汉族、白族、纳西族、藏族等相近。

普米族人不仅向周围的民族学会了先进的农耕技术，还充分利用当地丰富的土地资源发展畜牧经济，保持传统产业优势。

一、掌上红土、繁衍五谷——农业

普米族在长期的生产实践活动中积累了丰富的生产经验，近现代普米族社会已普遍进入犁耕阶段。农业工具主要以犁、铧、锄、斧、刀、耙、镰等铁制工具为主，同时使用棰、风车、锄、耙等木制农具。铁制农具主要靠从汉区输入，在云南宁蒗县永宁地区保留着“二牛抬杠”犁耕作方式。

普米族主要从事农业生产，以农产品为主要生活来源，普米族聚居区大多处于海拔2000～3000米之间的半山区，主要耕地为山地，部分为平坝地，河谷地区有少量水田，地多人少，一般农户平均要耕种几十亩土地。土地分为常耕地（俗称旱地）、轮歇地和火烧地三种，但农民对土地的利用已趋于固定化，各类土地的比例因地区而异。在云南玉龙、兰坪、宁蒗等地，主要为

插秧田

常耕地与轮歇地。永胜则两种兼有、各占 20%，其余 60% 是火烧地。在极少部分地区还遗留着“刀耕火种”的原始耕作方式：每年秋天在较平缓的半山林中开生荒，将树林砍倒，于次年开春时放火焚烧地块，再用锄碎土，稍加平整即可播种玉米、马铃薯、荞子、燕麦等农作物，耕种两茬后即成为熟地，一般用三至五年后即抛荒，轮歇。

普米族地区旱地农作物每年播种两季，水田播种一季。大春作物有玉米、稻谷、黄豆、荞、稗、高粱、四季豆、马铃薯、燕麦、米豆、绿豆、巴山豆、水籽等。其中，玉米播种面积约占 60% 以上，为

晾晒玉米

当地农户主粮，也是酿酒和牲畜饲料的主要来源。小春作物有小麦、大麦、蚕豆、青稞、豌豆、鸡豆等。经济作物有火麻、烟草、向日葵等。现今，耕作技术已较精细，民间会利用物候常识掌握农业节令，及时施肥播种。水田在清明节前后撒种育秧，端午节后犁地、耙田、插秧、施肥、薅草，水田亩产数百斤不等，高产可达千余斤。旱作物主要是玉米，在三月芒种前后撒播，亩产约600斤。蚕豆、豌豆、麦子等小春作物在农历九月霜降以前播种。云南宁蒗永宁地区还栽种稗子，这是一种耐寒作物，种植方法与水稻类似。

对土地的利用和管理方式，主要分轮作和间种两种。在农事生产中，普米族比较重视使用肥料，常用的有绿肥、厩肥、草灰肥等。由于普米族人居住地的山区森林茂密，一年四季都能采集到各种植物的青嫩茎叶沤制绿肥，其次是厩肥，再次是火烧肥。此外，还有万年腐质土（山基土）等。

普米族农业劳动以个体小家庭为单位进行生产，家庭男女老少成员之间有性别年龄的自然分工，成年男子除了负责犁地、收割、制作农具等，还砍柴、打房板、赶马、经商等。妇女除参加田间整地、积肥、薅草、收割外，还承担推磨、煮饭、纺织、酿酒、养猪、喂鸡、背水等繁重家务劳动，劳动时间和劳动强度都超过男子。老年人在家编织箩筐等用具，兼管幼儿。较年长的少年守护庄稼，协助搬运，放牧牲畜。农忙季节群众中有原始互助换工习惯，主要在缺乏耕牛和劳动力的农户之间进行，一般不计报酬，这种换工劳动，是互助互利性质的。

蔬菜瓜果是普米族日常生活需要的副食品，与农业相关的园艺种植业在普米族地区获得一定程度的发展。宅旁地角都普遍被利用起来种植蔬菜瓜果，种类较多。

民间利用野生树苗嫁接果木树，品种有梨、核桃、花红、黄果、石榴等。其他经济林果有花椒、樟木子、漆树、香菌、木耳等。采集是传统的收入来源，采集的品种有虫草、贝母、茯苓、鸡纵、香菌、石花菜、木耳、大黄、天冬、菌心片等。

其中，采集火草是一项古老的传统活动，旧时，人们衣着原料是自织的麻布，纺麻时需要掺织大量火草。因此，每年各户都要派人进山采摘火草，然后捻成火草纱，作为纺织原料之一。掺入火草纱织成的麻布，较纯麻布更加显得洁白、细软、美观，保暖效果更好。

二、茫茫山林——普米人的衣食父母

普米族地理分布属横断山脉南缘地带。金沙江和澜沧江由北向南贯穿全境，形成高山峡谷、

喝一碗醅酒

小块盆地交叉相间的地形。普米族地区属温带季风气候，雨量充沛，森林资源丰富，有香樟、漆树、花椒、核桃、桃、梨、黄果等经济林木，林下资源有麝香、鹿茸、熊胆、茯苓、虫草、贝母、当归、天麻、菖蒲、大黄等名贵药材及羊肚菌、松茸、香菌等美味食用菌。

普米地区传统经济林果主要有梨子、桃子、核桃、花红、石榴、李子等。普米族自古沿袭着栽植果树的传统，普遍掌握果树栽植、嫁接的技术。经济林果业收入成为许多家庭重要的经济来源。

三、密林深处见牛羊——畜牧和狩猎

普米族原本是高原游牧民族，逐水草而居，擅长饲养和放牧。后来改牧从农，但游牧成分占比还相当大，传统畜牧业较为发达。

普米族饲养的牲畜主要有牛、马、骡、羊、猪、鸡、狗等。牛有牦牛、黄牛、水牛、犏牛等。牦牛提供奶及乳品（奶渣、酥油）。黄牛既供役使，也作食用。水牛仅供耕地，普米族习惯上不吃水牛肉。马、骡主要供骑用和驮运货物。

普米族地区山路崎岖、交通闭塞，清朝及中华民国时期，普米族马帮常年行进在滇缅藏印茶马古道上，随着商品经济的发展，普米族居住地与外界逐渐出现物物交换，产生了赶马经商活动。普米族与周围的汉族、藏族、白族、纳西族等发生经济上的联系和产品的交换。普米族人以本地出产的农副产品换回外地工业品和日用品。这种交换互通是双向的。一种是由外族马帮、商人带着日用品、盐巴、茶叶和布匹等进入普米族居住的山区，走村串寨，挨家挨户交换，收购当地的药材、皮货、竹篾器、猪膘或粮食等。另一种是普米马帮从外地运来日用工业品，换取本地的土特产品，再返回原地出售，从中获利。马帮所到的地方，北至四川甘孜、康定，东至云南大理，南至云南普洱，西至印度等地。线路主要有：宁蒗—丽江—大理—保山到缅甸密支那；或：宁蒗—永胜—宾川—下关—临沧—普洱；或：宁蒗—丽江—中甸—德钦—盐井—察隅—拉萨—日喀则—尼泊尔

—印度；或：宁蒗—木里—九龙—康定。茶马古道贸易促进了各民族之间的物资交流，有利于人民的生产发展和生活改善。同时，通过贸易活动加强了各民族之间的交流、沟通、团结、互助。

普米族在远古游牧时代，就擅长养羊，几乎每户都要养数十只，有的甚至养成百上千只。除食用之外，主要还用作宗教祭祀，而且羊皮是御寒过冬必需品。猪的饲养也很普遍，平均每家饲养数头至十余头不等。

保存完好的猪膘

普米族几乎户户养鸡，每户少则数只，多者百十只。此外还收养野蜜蜂，各家都在院屋附近安置木蜂桶，蜂桶两边开洞，以此招引野蜂，每年5月至8月收取蜂蜜，每窝可获十余斤。这是最省力、收益又大的一项副业。另外，居住在江河湖水畔的普米族人户利用雨季潮汛时期，人工垒坝捉鱼或划船撒网捕捞。

普米族村寨大多依山傍水，在密林深处有许多禽兽。山鸡、斑鸠也经常在村口出没。大型动物有黑熊、野猪、豹子、狼、麂子、岩羊、马鹿、獐子。小动物有狐狸、兔子等。旧时，这些动物都是普米人猎取的对象。每个季节狩猎时都有捕捉的重点，如三月撵麂子，三月四月打野鸡，七月八月猎獐子，八月九月猎熊。其他时间狩猎遇到什么猎取什么。

在狩猎过程中，普米猎人有自己的原则和禁忌，如不允许猎射怀孕或正在交配的野兽，不允许猎射鸿雁或正在孵蛋的野禽。伤害鸿雁会破坏雁阵的团队精神，伤害孵蛋的野禽则不利于繁衍后代。

近年来，居住在山林中的普米猎人积极响应国家禁猎号召，狗放南山，刀枪入库。茫茫林海中，消失多年的动物重现踪迹，百鸟啾鸣，万兽来仪，人与动物重逢在普米山寨的蓝天丽日下。

四、山间铃响马帮来——贸易

古时，普米族人大多居住山区，交通不便，很少与外界交往，生活用品大多自给自足，偶然交换也只是以物易物，商品交换极不发达。进入近现代以来，随着农业、畜牧业、家庭手工业和其他副业生产的缓慢发展，在普米族内部，人们之间开始出现互通有无的物物交换。此外，普米族与周围的汉族、藏族、白族、纳西族等族之间，也发生经济上的联系和产品的交换，相互之间以本地出产的农副产品换回工业品和日用品的数量也逐渐增多。一是由外族马帮、商人带着日用品、盐巴、茶叶和布匹等进入普米山区，走村串寨，挨家挨户交换，收购当地的药材（如虫草、贝母、树沙、大黄、秦椒等）、皮货、竹篾器、猪膘或粮食等。二是普米族人也学会经商，他们从丽江、大理等地运来日用工业品，换取本地的土特产品，再返回丽江、大理等地出售，从中获利。逐渐地，普米人开始进行季节性的赶马经商活动，每个村落的马帮组成一个集体，互相照应，进行长途商品贩运。20世纪上半叶，普米马帮所到的地域范围已经比较广阔。

五、久远岁月的怀想——手工业

旧时，在普米族聚居地区，手工业和商业尚未完全从农业中脱离出来，大都以家庭副业的形式进行。手工业主要是对农副产品的初级加工，以纺织、酿酒、榨油为主，兼营羊毛、油、皮革、铁器修理、木器制作、竹器编织、制陶等。

普米族善于纺织，原料以麻为主，兼用羊毛等。旧时，大多普米人家住宅旁都有一块麻园地(普米语称为“索秋”)，从种麻到收麻、绩麻、纺线到织成布，如此完整的产业链全由妇女们承担。织机有原始腰机和水平织机两种。原始腰机较为简单，由绳索、机刀、分经棍、卷布轴等组成。水平织机结构稍微复杂，大多由木制成。织布方法虽然较为原始，但善于纺织的普米族妇女心灵手巧，能用简单的原始工具织出纹道细密、图案优美的土布。

普米族人喜欢饮酒，酿酒相当普遍，每年要用大量粮食酿酒。酒有黄酒、白酒和甜酒。黄酒的酿制方法较为特别，大麦、青稞、玉米、高粱、荞等均可作原料。先将粮食煮熟，拌入自制酒曲，让其发酵，然后移入罐中密封，几天后便成黄酒，普米语称“醅”（当地称为“苏理玛”），味醇美，香甜可口。白酒及甜酒的酿制方法与汉族、白族、纳西族相仿。

榨油一般在腊月初进行，植物油除部分食用外，大多作为祭祀或照明用。榨油时将麻籽、核桃仁、油菜籽、瓜子和青刺果等混合后研磨成粉，放入铁锅中熬煎，然后及时捞取漂浮在面上的油层，再用小锅煮沸，水分蒸发完即成清净原油。另一种方法是将煮熟的原料粉末装入麻布口袋内，再放到木槽箱内，用吊垂着的大石挤压后原油即缓缓流出。

皮革加工采用简单易行的办法，兽皮剥下阴干后，先用温水浸泡，然后用刀刮去肉丝，再将皮子揉软。兽皮可制口袋、皮套、皮包、绳子等。大羊皮可制皮衣、皮褥子等。

铁匠在普米族中很受人尊敬，工具有铁锤、铁枕、钳子、风箱等，风箱用两个羊皮口袋，其余工具的形制与汉族地区相似。一个铁匠忙碌一天，只能打制一把长刀或二至三把镰刀，产品还有锄、镰、砍刀、弯刀、斧头、短刀、铁钉、铁扣、铁三脚架等生产生活用具。铁匠不会冶炼，但能铸犁铧，云南兰坪箐花村老铁匠还会用精美的工艺锻造铁锁。

弹羊毛

匠人在农闲时为群众打制或修理农具，收取一定报酬，匠人生活来源主要仍靠农业生产。

竹编是普米族传统的手艺，在明清时期的汉文献中有关于普米先民“砍伐竹木编织篾箩营生”的记载。茂密的山林中生长着各种竹子和藤篾，剖开枝条后根据需要进行加工编织。竹编成品有箩筐、花篮、簸箕、筛子、撮箕、篾盒、竹席、竹雨帽等日常生活用品。普米族人男女都会编织，产品多为自用，少部分拿去出售。

此外，普米族人还善于制作木盘、木盒、酥油盒等木器。宁蒗的木漆碗工艺精湛、刀法细腻，油彩光滑，深受人们喜爱。

宗教信仰

普米族的宗教信仰，既有原始的自然崇拜、图腾崇拜、动物崇拜、鬼魂崇拜、英雄崇拜、祖先崇拜，还信仰雍仲本教和藏传佛教。

一、自然崇拜

在万物有灵的原始思维支配下，普米族把自

然物和自然力赋予神性和灵性，对它们顶礼膜拜，普米族认为天神创造了人类和万物，山神给人们居住和耕耘土地，灶神左右家人兴衰，龙神释风降雨，因而把吉凶祸福与神灵的好恶紧紧联系起来。在普米族的潜意识和言行里，无不表现出对神灵的敬畏和虔诚。普米族祭祀神灵的仪式分为祭山神、祭龙神、祭财神、祭战神、祭祖先等。这些超自然力的神奇力量左右着人们的运程，人们只有诚心供奉，讨其欢心，求其庇佑方能诸事吉利。

普米族自然崇拜中对山神的崇拜特别突出，普米族称山神为“日增”。普米族地区的崇山峻岭几乎无处不在，在那遥远的古代，普米先民对那些日夜出没在面前的直插云霄，陡峭险峻，终日云雾缭绕的庞然大山油然产生一种威严敬畏的感觉。人们认为人类居住的每座山峰不论其大小都有神灵，而且这些神祇和精灵主宰着人们的吉凶祸福。自然地每个氏族都有各自的山神树，这些树受到严格保护，禁止砍伐。各地普米族均把本地的山峦奉为神，而一些名川大山就成为所有普米族共同的山神，各地祭献山神时都要念诵它们的名字。相应地这些山神受到各地部落子民的供奉。“日增”是普米族最重要的山神崇拜，由于各地普米族均把自己境内的山峦奉之为神，于是这些山神也就有各自佑护的地域。例如宁蒗比奇村信奉“里勒布”、拔佳村信奉“阿纳瓦”等。而一些名山大川成为一定区域普米族人共有的山神，例如永宁的“森更干姆”山神，蒗渠的“嘎达雅”山神等在各地普米族祭祀山神时均会念诵到它们的名字。相应地这些山神受到各部落子民们的供奉，每年的农历七月和腊月，每户人家用鸡等动物献祭本家山神。四月、五月封山和八月、九月开山时，全村用鸡、羊、牛等公祭山神。以比奇村为例，人们在山顶偏南一点的地方堆起两堆石头，象征山神所居之地。在石碓下掩埋一个陶罐，罐里象征性地装着金、银、粮食，寓为山神的心脏。每户在石堆的前边用石头垒砌成锅庄，敬山神时在此烧香烟祭。

烟祭，即“煨桑”（普米语称为“松冬”）。

是时，把一堆柏树枝叶、杜鹃枝、艾叶点燃，然后把柏香、面粉、酥油、蜂蜜、奶水以及鲜肉、鲜血投入火堆中焚烧，以此祭神，目的是祈求族人的平安。据说在远古时代，普米族人出行或归来也举行这种“煨桑”仪式，普米族男子在出征或狩猎之前，家中的老人和妇女儿童都要到寨子外面的郊野烧香烟祭，祈求战斗的胜利和狩猎的丰收。同样，普米族男子出征或送葬归来时，也要在路上点燃一堆香草及树枝，并不断往这些归来者身上洒水，用火烟和水来驱除男人们身上因战争、焚尸和其他原因沾染上的秽气。

煨　桑

水是普米族自然崇拜的另一种重要现象。普米族地区不但山峰绵亘，还星罗棋布着湖泊、河流。水乃万物之源，正因为如此，水被看作具有神灵的威力而受到普米族民众的崇敬。尤其对源源不断供人们饮用和灌溉田地的山泉更是受到分外崇拜。每村都有自己的龙潭，亦称“灵泉”（普米语称为“桑达喜西”），意思为平安祥和之地。普米先民认为龙潭神主宰着人类的富裕兴旺和病患，如认为凡患皮肤病者是触犯了龙潭神，为此要到泉水处焚香、唤魂，祈祷水神消除病患。

祭祀龙王神

普米族祭祀龙潭神的仪式场面庄严古朴，设尼塔祭祀塔并用面偶、牛奶、酥油、乳饼、鸡蛋、茶叶、清酒等素食供奉。

在普米族传说中龙王神“梭那二青”是个食人恶魔，大地上的动物和人类几乎被他吃光，天王知道后非常震怒，派天兵天将到人间惩治恶魔。天将从空中把龙王摔了下去，龙王身躯落地时把海水飞溅到大地上，海水所到之处，陆地变成湖泊、水潭、河湾，而后这些湖泊、水潭、河湾都成为各地的龙王神。

天王传令人类祭祀龙王神以祈求人间太平，人们因畏惧龙王，每年都要祭龙神。每年农历五月，人们携带上蜂蜜、酥油、鲜奶、糌粑、酤等贡品到龙潭边烧香磕拜，栽树对歌以祈求平安。龙潭边的树木受到世世代代保护。

二、图腾崇拜

图腾在普米族早期社会中起着重要的作用，它是最早的社会组织标志和象征。它具有团结群体、密切血缘关系、维系社会组织和互相区别的职能。通过图腾标志而得到图腾的认同，受到图腾的保护。普米族的图腾为青蛙，尊称“青蛙舅舅”（普米语称为“阿够巴底”）。

三、动物崇拜

普米族的动物崇拜既体现出人与动物的密切关系和对动物的敬畏感，同时，某些动物与普米族历史、族源、哲学、宗教、习俗有直接关联，在动物身上寄托某种理想。普米族崇拜的动物有龙、虎、豹、熊、绵羊、盘羊等。崇拜龙、虎、豹、熊因源于民族的起源传说，如“奔雅”氏族起源于“奔尼斯母恭”（意为豹头龙身山和黑熊山部落），又名“棍尼斯母恭”，“奔雅”氏族因而有浓烈的龙、豹、熊情结；“控”氏族起源于“俄尼打摆恭”，崇拜虎。普米族是羌戎后裔，整体上推崇绵羊、盘羊。

四、鬼魂崇拜

普米族神灵崇拜表现在两个方面：一是认为人是肉体和灵魂的统一体，人活着时灵魂会离身，一旦离身，此人就会患病，由此产生各种喊魂仪式。二是认为灵魂是不灭的，当一个人死亡，灵魂便离开了身体，会成为神，也会成为鬼，前者会庇佑族人，后者会作祟家人，由此产生各种慰灵敬神及超度禳鬼仪式。普米族认为山野的精灵会变成鬼魂潜入村庄祸祟搔扰普米人，由此产生超度禳鬼仪式。

五、英雄崇拜

普米语称英雄为“帕拉扎拉”。作为在历史缝隙中艰难求生的民族，战乱和纷争是普米族峥嵘历史的永恒主题。普米族认为，打仗有打仗的领头人，经商有经商的领头人，上山打猎有打猎的领头人，做农活有做农活的领头人，每个家族有自己的领头人，称“木得”（大人）。每个家庭有一个当家人，称“达布”（主人）。服从领袖，尊崇英雄是普米族人民的传统。普米族崇拜英雄，歌颂英雄。普米语称男英雄为“帕拉扎拉”，称女英雄为“包乌肯珠”。在日常生活中，普米人无论是经商、狩猎还是远行，出门前都要先烧香祈祷扎拉神保佑。逢年过节、婚丧嫁娶、一日三餐时都要先敬“扎拉”神。祭词中说：骑虎的“扎拉”神，骑豹的“扎拉”神，手握“卡中”的“扎拉”神，拿五彩福旗的“扎拉”神，手持弓箭刀枪的“扎拉”神，请您保护我，打仗要胜利，过河脚要灵，爬山手要快，伸出左手得银子，伸出右手得金子，美食进我肚，衣服暖我身。

六、祖先崇拜

普米族称祖先为“巴布”。普米族相信灵魂不灭，认为人死后灵魂会回到祖先的发祥地，所以要以各种方式进行祭祀活动，表明对祖先的崇敬。主要活动有接祖（除夕），送祖（从大年初三至十五）、清明上坟，中元节，祭房头，祭中柱。普米族的祖先无偶像，供奉祖先是经常性的活动，除崇拜共同的始祖（九世祖父、七世祖母）外，尤其对本氏族、本家庭的祖先极为崇敬，每日三餐之前都要将所食用食物先祭祀锅庄。凡是亲朋好友送来的礼品也要先放置于锅庄上，意为先让祖先神灵享受。逢年过节或婚丧嫁娶时，也要先祭祖，祈求祖先保佑逢凶化吉，子孙兴旺发达。普米族认为祖先有三魂：一寄存在寄骨山，一寄存在锅庄附近，一寄存在北方故居地。日常生活中每日往铁三脚上方献食祭祖先（普米语称为“切叠帕”）。

云南宁蒗等地普米人的祭祖仪式主要向正房中的锅庄和“宗巴拉”神像祭祀。

“宗巴拉”（财神）

正房内设神龛，在神柜壁上竖高3尺、宽2尺的浮雕木牌，即“宗巴拉”神像。宗巴拉呈圆锥形，中间镶嵌天、地、日、月、星、辰、海螺、莲花等图案，象征尊贵的宇宙神。“宗巴拉”神像与祖先神像一同为家庭祭祀偶像。

此外，在正房中还设火塘，其上支铁三脚架，火塘后方竖一块锅庄石，它既是祖先的象征，又是诸神的牌位。

“韩规”祭锅庄

云南兰坪等地普米族祭祀祖先的仪式主要是“祭房头”（普米语称为“归西毕”），选择在每年春节或农历二月初十、八月初十以前与家长属相吻合的某日举行。以醅酒、烧酒、清茶水、香烛、冥钱等为供品，在房顶竖立一根五尺长的青松木杆，其上捆扎三面五色旗，由家中的成年男子或请“释毕”上房顶主祭，念及本家历代所有死者姓名后，用茶水祭献于房头，祈求祖先保佑全家平安。

七、雍仲本教

胜意民俗的妙善之法，雍仲本教规范了普米族人的礼仪习俗和道德行为。其创始人幸饶弥沃大佛，又名“丁巴辛饶”，传说有一万八千年历史。公元前，来自西藏象雄（阿里）的李辛笨玛尔大师到安多玛卿崩若地方传教，后来到普米族地区，由“韩规”授业授徒传承，普米族从此接受雍仲本教。雍仲本教以道德伦理教化人。“韩规”主持民间礼仪习俗活动，如婴儿出世第三天要请“韩规”念祝福经并起名字。老人分别年满六十岁、七十岁、八十岁时要请“韩规”念诵长寿经。“韩规”法事种类上百种，涉及民间生产、生活、节庆、祭祀等方方面面，无所不及。“韩规”祭祀的神灵有天神、山神、龙神、平安神、战神、财神、福神、灶神。“韩规”祭祀祛除的对象是仇敌妖魔。

八、“韩规”信仰

普米族“韩规”信仰属原始苯教信仰，起源于古象雄王国，祖师为“丁巴辛饶”，雍仲苯布为苯教之根。在普米语中，“韩”意为法术，“规”意为高大，“韩规”即法术高超的智者。历史上，“韩规”是普米族人的主要信仰。“韩规”信仰具备原始宗教的基本特征，有一套做法、祭祀的仪式仪规和神鬼体系，可慰藉民众心灵，启迪大众心智，满足大众精神需求。同时，它还形成一套自成一体的文化体系，包括“韩规”典籍文献、口诵经（喀尔沙）、绘画、音乐、舞蹈、雕塑、书法、卜卦、历法等内容，是一种相对成熟的文化。通过多年的收集抢救“韩规”经典，并在充分研究的基础上发现，苯教中的祭祀方式以杀牲血祭和依托绘画、面偶等多种表现形式并存。大部分情况下，“韩规”民俗活动中用面偶、牛奶、酒、面粉等祭祀山神、龙神、平安神等神灵，只有在祭战神、祖先和镇妖、镇敌民俗活动中才采用杀生血祭。从古至今，“韩规”文化在普米族的物质文化生活和灵魂深处烙下清晰的印迹，几乎所有的社会生产生活都受到“韩规”文化的深刻影响。

“韩规”最初是从原始崇拜基础上发展起来的一种原始文化，后来融合苯教和藏传佛教文化，进而形成的一种以卷帙浩繁的藏文经典为载体，有完整仪规仪式体系的独具特色的文化。

“韩规”文化的八大观点是：和谐观、生态

观、历史观、英雄观、幸福观、鬼神观、生死观、伦理观。

“韩规”文化包括藏文经典、口诵经、绘画、音乐、舞蹈、工艺、卜卦、历法等类型，按内容区分为祈福延寿类、生态保护类、丧葬超度类、消灾免祸类、驱鬼镇妖类、卜卦类等。“韩规”经文内容丰富，从狩猎、游牧到农耕时代完整的记录人类的起源、迁徙路线、古代族谱，保护生态的由来，是普米族历史的一面活化石。

“韩规”经典用古藏文草书书写，现已收集到的“韩规”藏文经典有108种、1100余部、2万多页。

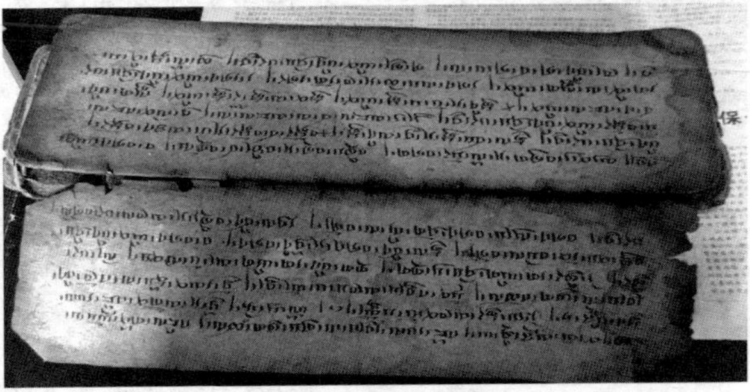

古老的“韩规”经卷

“韩规”文化在长期的发展过程中也接受了一些藏传佛教的元素，如诵经招福、广行善事等词语的使用显然来自藏传佛教的日常用语。其所供奉的神祇增加了藏传佛教的神佛，祭祀仪轨也融进藏传佛教的内容。但始终还是保持苯教普米化的固有特色，与佛教有明显区别。

毋庸讳言，“韩规”信仰万物有灵、万物有神的朴素理论，为生者祈福禳灾，为死者送葬安魂，为人们除疾避邪。普米族人每逢节庆、婚嫁、生育、出行、狩猎、稼穑等，都要请“韩规”祭祀供奉、诵经祈祷、消灾祛难、保佑安康。“韩规”信仰能适应普米先民对宇宙人生的认知水平，满足精神信仰的需求，因此，“韩

“丁巴辛饶”

规”信仰在普米族历史长河中流行时间最长，信仰人数最多，影响最为广大。特别是在云南及四川金沙江以北的普米人聚居区，表现得最为突出，几乎所有的社会生产生活都受到“韩规”文化的深刻影响。

九、藏传佛教

普米族自古以来与藏族毗邻而居，历史上又受吐蕃王朝的长期经营，因此不论苯教还是佛教传入普米族地区的年代都略早于相邻其他民族。根据民间传说和史料探索，藏传佛教约于宋末元初（11世纪中叶）传入云南宁蒗永宁、蒗蕖等普米族地区，最早传入的是萨迦派和噶举派，最早兴建的藏传佛教寺庙是永宁的者波萨迦寺。该寺建于元朝至正十三年(1353年)，以后又在蒗蕖、挖开建造两座萨迦寺。这三座寺的僧人主要是当地的普米族人和摩梭人。明末，格鲁派传入四川木里、盐源以及云南宁蒗永宁、蒗蕖等普米居住区。之后，由于格鲁派受当地土官的扶持，势力和影响跃居各教派之首。

云南宁蒗永宁地区主要信仰藏传佛教格鲁派。16世纪中叶，西藏第三世达赖喇嘛斯朗嘉错到四川里塘传播格鲁派，进而抑制康区原有的萨嘉派。

云南宁蒗蒗渠地区主要信仰藏传佛教萨嘉派。普米族接受藏传佛教的时间是在元朝至元年间，国师八思巴于1268年升为帝师（大宝法王）后在康区灭苯（教）兴佛（萨嘉教派）。云南宁蒗永宁和蒗蕖土司先后接受藏传佛教（萨嘉教派），派人员去四川木里和里塘学喇嘛教，僧人主要是去米巨寺升造。

同样，在四川木里地区，讲普米语的项氏土司建立了政教合一的封建政权——木里王国，存在时间近三百年。除明末清初皈依格鲁巴黄教，木里境内的普米土酋在政治经济文化上向西藏地区全面靠拢认同。自16世纪中叶开始，西藏第三世达赖喇嘛索南嘉措派喇嘛到木里传播格鲁派，并于1584年修建了第一座寺庙。到1729年，木里全境已发展到拥有3座大寺、9座经堂，喇嘛3318人，到中华民国初年，经堂发展到18座。

在四川木里，世袭土司职位的项氏贵族与喇嘛教紧密结合，形成木里地区政教合一的封建政治制度，这是以讲普米语的藏族人为主体创建的木里王国，统治木里全境的巴尔贵族就是讲普米语的藏族人。从公元 1666 年第一代大喇嘛降央绒布到中华人民共和国成立前夕的最后一任大喇嘛项培初扎巴止，共承袭 21 代、历时 285 年，讲普米语的藏族人在木里地区创造了繁荣一时的宗教文化。

藏传佛教对普米族的生活习俗和精神文化等方面产生深远影响，藏传佛教格鲁派在川滇毗邻普米语地区广泛传播和发展，其声势和影响都居其他教派之冠。普米族喇嘛从事的宗教活动大体与“韩规”相类似，凡婚丧嫁娶、生病或遇到灾难时都要请喇嘛念经祈祷。凡请喇嘛做祭祀活动都要视其规模大小及喇嘛职位高低给予一定的报酬。喇嘛完全脱离生产劳动，不娶妻、不杀生，以从事宗教活动为职业，在家庭和社会中有较高的地位。

第七章　隐藏在远山的文化密码

——普米族的文化艺术

在漫长的历史上，普米族创造了辉煌灿烂的文化，最值得自豪的是拥有卷帙浩繁、内容博大精深的“韩规”典籍文献。同时，它还具有内容极其丰富、题材包罗万象的口授经（喀尔沙），并在语言文字、文学艺术、口传历史、宗教哲学、音乐舞蹈、建筑工艺、天文历法、医药、卜卦等领域留下鲜活印记，这些优秀的传统文化今天仍然被传承和弘扬着，为中华文明的进步作出重要贡献。

语　言

普米族语言属汉藏语系藏缅语族羌语支。尽管普米族居住地分散，但各地方言差别不大，一般都能互相通话，这表明普米族历史上曾经出现过一个聚族而居、繁盛发展的时期。

普米语除云南省普米族使用外，四川省凉山彝族自治州木里藏族自治县、盐源县和甘孜藏族自治州九龙县的部分藏族也使用普米语。

藏缅语族是汉藏语系中语言支系最多的一个语族，中国有17个民族使用该语族的数十种语言，中国上古史中传说的黄帝和炎帝与藏缅语族的先民古羌人有一定关系，中国第一个传说中的王朝——夏朝是由古羌人建立的。殷商时期，古羌人活跃在西北部及中原大地。先秦时期，众羌中的一部分被秦兵驱逐出西羌故地甘、青一带，其中一支沿横断山脉南迁至滇西北，后来演变成普米族。

普米语是中国特有的一种藏缅语，早年认为属于藏语支，近年普遍认为属于羌语支。

普米语方言分为“约姆”（Xxiomuf）和“都别”（Ddufbiev）两种。“约姆”语分布在云南宁蒗，四川木里东南部、盐源；“都别”语分布在云南宁蒗拉伯，四川木里西部、北部，九龙等地。宁蒗县作为普米族世居地，两大古方言“约姆”和“都别”在本县均有分布。虽然方言在语音、词汇以至语法上存在一定差异，但核心语言部分都比较接近，加之方言间语音变异有相当整齐的对应性，所以凡说普米语的人不论来自何方都可以用普米语交谈。

普米语词汇丰富，分类较细，其中多音节词占多数。复合词多，单纯词少，具体名词多，抽象名词少。由于居住地域的相对封闭，普米语较完整地保留了古羌语特征，更多地保留了古羌语形态，这对于研究汉藏语族的起源意义重大。

羌语支的十几个语种保留在川滇边区的深山峡谷中，在汉语和藏语两种强势影响的夹缝中存活至今，成为珍贵的活化石语言。普米语分布在古羌语支语言走廊的最南端，除羌语和嘉绒语，普米语是羌语支中使用人数最多的语种。

羌语支包括羌、嘉绒、普米等 12 种活着的语言及一种已经死亡的文献语言——西夏语，是藏缅语族中保留古老面貌较多的一个语言集团。会说羌语支的人原则上是古羌人的后裔，他们大多分布在横断山脉以东的金沙江、雅砻江、大渡河、岷江、嘉陵江上游由南到北的河谷地带及两岸的台地上。西边是说藏语的人，东边是说汉语和彝语的人群，他们至今仍然保留一些传统的深层文化特征，使他们显得像古羌人一样古老。

普米族人具有语言天赋，善于学习，在与周边各民族的长期友好往来中，具备兼通周围民族语言的本领，学会汉族、彝族、白族、纳西族、藏族等民族语言，熟练地掌握多语种是普米族人能快速融入横断山脉多民族社会的有效通行证。

普米语，这一濒危的古羌语，在川滇边区的深山峡谷中存活至今。由于受诸多因素的影响，普米语正日渐式微，保护抢救普米语言已经刻不容缓。

语言的保护最好的办法是将普米语纳入现代教育中，在普米族聚居区创办汉语普米语双语班，就是对普米语言保护抢救一种很好的尝试。近年来，在宁蒗县普米文化保护协会的倡导和社会各界人士的资助下，宁蒗县教育局在县城中学创办普米双语班，用汉语和普米语同时教学。通过二学年的教学，学生可基本掌握用汉语拼音拼读普米语。

宁蒗县普米双语班课堂

普米族没有文字，没有成熟的书写系统，过去曾使用一种刻画符号，主要用于建筑纯木结构的木楞房子时作标记和记数。另外，“韩规”曾使用过一种简单的图画文字，字数虽少，但已堪称萌芽状态的原始文字，表明普米族在独立地创造着自己的文明。这些并没有严格的文化传承，其形体和意义具有一定的个人随意性，没有标准化，所以流传不广，处于文字的萌芽状态，都未发展演变成文字。

民间文学

普米族只有语言、没有文字，传统文学依靠口传和歌唱形式传承千载。普米族文学艺术的根在民间，传播在民间。普米族是个充满想象力和理想主义的民族，普米人世世代代把对悠悠往事的怀想和来世今生的诠释，通过感性直观的陈述方式延续下来，朗朗上口，历久弥新。普米族口头传统文学可谓“不着一字、尽得风流”，这本无字之书的作者不是文人骚客，而是行走耕耘在群山峡谷间的草根平民。这些凡夫俗子目不识丁，却拥有过人的记忆，如簧的巧舌和穿透时空的歌喉，正是他们在这片属于普米人的大地上写下了动人的诗篇。

普米族民间文学由民间故事、歌谣两部分构成。民间故事根据内容不同可分为：神话、传说、英雄传奇、动植物故事、生活故事、谚语、谜语等类别，题材广泛，上至天穹，下至幽瞑，如百川贯海，洋洋大观。

一、神话故事

普米族先民直面宇宙人生挥洒着无边的想象，集大成者就是洋洋大观的神话故事。普米族的神话故事以开天辟地，人类起源，万物由来等题材，反映出人类童真年代对宇宙人生的直观认识和感受。

二、传说故事

普米族民间传说题材包括民族起源、部落迁徙、习俗风物、山川地理、宗教伦理、历史典故等内容，用简洁形象的线条勾勒出普米族早期的历史地理风貌和人生百态。

普米族传说故事的主角是平凡普通的人及一些拟人化的事物，都是身边的琐事，没有惊天动地的伟业，没有一鸣惊人的光焰，也没有刻意地追求永恒完美，但后人还是铭记住他们，在他们平淡无奇的履历中总能勾起后人对祖祖辈辈那些消逝的足音的记忆。

三、动物故事

普米族先民生活在大山林莽腹地，飞禽走兽出没其间，各种动物成为普米族民间故事中的一个永恒主题。动物的形象，或嗜血凶残，或贪得无厌，或伶俐乖巧，或善解人意。它们的故事风趣幽默、过目难忘。读后掩卷遐思，颇有深意，或鞭笞丑恶、讽谏世事；或扶弱济贫、以弱胜强；或颂扬正气、激励来者。宣扬善恶有别，因果报应的原始审美观。

“韩规”动物画

民间音乐

大部分普米族人能歌善舞，民歌内容丰富多彩，有着浓郁的民族风格和乡土气息，反映了普米族人的生产、生活、历史、伦理、思想感情和审美情趣。

普米族的民间音乐曲调主要有“呀哈巴拉”“阿辽辽”“那布升洛”等。

“呀哈巴拉”是一种较古老的民间曲调，旋律悠长委婉、节奏自由，高区一般用假声唱，开头常用一个弱起引子作为补充乐句，旋律从低音区向高音区行进，末尾又回到原来的起音上，前后呼应。

“阿辽辽”，这种曲调一般不带引子，而是以一个较高的主音作为开头，一开始就给人以热情奔放的感觉。“阿辽辽”一般用以唱情歌、山歌等抒情的民歌。

一、民间歌谣

歌谣既有歌的韵律，也有诗的风神，是诗与歌的协奏曲。旧时，歌谣是进行教育娱乐的传媒和交际沟通的信使。普米族的歌谣大致可分为两类：“哩”和“国”。“哩”是吟唱的意思，多为年老人演唱，内容古朴、结构完整，属于叙事诗性质。“国”是歌唱的意思，多为年轻人歌唱，内容及体裁不拘一格。“国”中还有一种名为“格嘿”（放声歌唱）的即兴诗，是青年男女野外对唱的情歌。

根据年代不同，普米族民歌可分为传统民歌和新民歌两种。

二、传统民歌

“哩”因内容和形式的差异，可分为史歌、婚礼歌、祝福歌、年节歌和送葬歌等。

史歌。大多为吟唱历史、缅怀先民，颂扬祖上的荣光，抒发怀古之幽情。

婚礼歌。婚礼是普米族人生礼仪中，气氛最浓烈、色调最丰富的一种习俗活动，有一套完整的歌唱来演绎婚礼进行时，场面舒展，如行云流水，生动活泼，充满浓郁的生活情趣和乡土特色。

祝福歌。普米族称“茸哩”，是在吉日良辰的祝词，语多敬辞，用人间最真挚虔诚的溢美之词，盛赞天地间让人久久不能忘怀的人或事。

年节歌。逢年过节，一家人围坐在火塘边，一边喝酷（苏理玛）酒，一边以歌助兴，歌声穿过木楞房在山谷中久久回荡。这些歌古色古香，格调高远，在欢快悦耳的旋律中烘托出其乐融融的盛景。同时将普米族古老历史在歌声中代代传承。例如，在春节歌中提到的九个爷爷，七个奶奶，就是传说中的普米族始祖九弟兄、七姐妹。

葬礼歌。普米族对祖辈宗亲十分敬仰崇拜，但凡老人过世，都要举行隆重的葬礼仪式，请“韩规”或喇嘛诵经，为死者超度亡灵和指路。同时请来歌手唱送灵调，在如泣如诉的咏叹中，寄托了对阴阳两隔的悲情和恋恋不舍。

弹奏四弦羊头琴

新民歌。中华人民

共和国成立后，普米族人翻身得解放，过上自由幸福的新生活。作为共和国民族大家庭中的平等一员，普米族人纵情讴歌党、讴歌毛主席、讴歌新时代，创造大量充满时代气息的新民歌。

三、乐器

普米族乐器可以分为弹拨乐器、吹奏乐器、丝弦乐器和打击乐器四类。其中，弹拨乐器又分为四弦、小三弦和口弦，四弦曲有十二种节奏类型，与十二种对应的舞步类型相结合，就形成普米锅庄。

四弦琴是普米族传统乐器，古朴悠扬的四弦琴声，是普米族人心中的挚爱和吉祥幸福的象征。无论是游子归乡、家人团聚、故友重逢，四弦琴成为普米人抒发情感、赞美人生的乐器。

吹奏口弦

吹奏乐器，包括

竹笛、葫芦笙、唢呐及树叶等。

竹笛，普米语称“苏理”或“旱”，分六指孔和七指孔两种。竹笛曲目种类繁多，传说古时有72调，流传至今的有20余调。

打击乐器，一般在打跳或宗教活动中应用，有羊皮、木碗、筷子、夹板等。

民间舞蹈

普米族的传统舞蹈，普米语称为“搓搓”，又称“跳锅庄”，属于群体性舞蹈活动。夜晚，在宽敞的场地中间，点燃一堆篝火，大家围成一圈，手挽手，在竹笛或三弦的伴奏下，翩翩起舞，彻夜狂欢，歌舞达旦。不息的篝火，映红普米人民乐观开朗的脸庞。舞蹈造型大多模仿普米族日常生产劳动，如纺织、洗麻线、狩猎、耕作等。传说古时有72调，流传至今的有20余调。

普米族传说中，“搓搓”舞是后人对拯救人间的英雄的永久纪念：在遥远的古代，人间没有火种，妖魔鬼怪横行，大地一片阴冷凄凉，为搭救黎民百姓于水深火热中，一位勇敢的普米族青年历尽艰险来到天宫，请求天神赐给人间火种。

天神担心人间有火种之后，凡人的生活会超越天上的子民，内心犹豫不决。青年人在天宫苦等三天。天上一日、人间一年，他心急如焚，只好铤而走险，乘天兵天将不备之时，偷走了火种。

青年人刚离开天宫，就被天神发现，立刻派出大军追杀，就在被即将抓住的瞬间，他一口吞下火种，顿时，变成一个熊熊燃烧的火球，滚落

传统舞蹈“搓搓”（曹文山　摄）

到大地上。

人间有火种后，过上了温暖幸福的日子，但妖魔还在伤害生灵，于是，人们从山上砍来松明，点上火把，把妖怪赶进山洞，全部烧死。

普米先民们为了纪念这位舍身的青年人，在一些特殊日子，把火把汇集在一起，手拉手，围着火堆唱起歌、跳起舞，这种歌舞活动一直传承下来，成了现在人们喜闻乐见的“搓搓”。

民间医药

中华人民共和国成立前，普米族中有少数懂得草药能治病的医生，其医术是从汉、白、纳西、藏等族的民间医生学来，部分则是本民族运用当地草药与疾病作斗争中的经验积累。有些地区的普米医生达到了一定的水平，能治疗外科、内科、儿科、五官科和妇产科的许多病症。

疔疮，普米语称为“忽”，是一种毒疮，对人体危害较大，一般由屠宰牲畜时感染疔毒引起，发病迅猛。普米族根据疔疮顶部病变的不同，区分为乌疔、水疔、大疔、土疔及痱疔五种。其中，土疔与痱疔病症轻可不治自愈，其余三种病情均较重，严重者神志恍惚，周身麻木，需及时治疗。治疗的方法是：内服，用挖耳草五至七棵，大血藤五寸，小翻白三至五棵，续断三至五棵，水煎服，或者用白酒浸泡一天后服用。外用，以适量黄芹韭和南瓜合并研细外敷，每天换药一次，待消肿后，改涂青油调的黄芩粉。

其他如外伤流血，采用柯麻叶捣烂敷创口可立即止血，或将从龙草晒干磨成细粉，撒于伤口上也能止血。如果伤口感染化脓时，可采集“灾霉”根（类似土豆）煮水擦洗，可以消肿，或将猪下颌骨油抹于患处，也能起消肿作用。

儿科的蛔虫病，用适量草乌捣烂，水冲服，但草乌有剧毒，掌握不好会引起中毒死亡，只有在有经验的医生指导下才能服用。腹痛可生嚼洗净的菖蒲，此法也治腹泻。老人筋骨疼痛，可用沙达尼山草煮汤或炖肉吃，有舒筋止痛的效果。如妇女分娩，死胎不下（普米语为“格脱麻珠”），则以蓖麻籽 25 粒炒干研细包缠脚心（涌泉穴），胎儿不下则要左右脚均包缠。若胎盘不下则根据胎儿的性别，男包左、女包右。

另外，还有对蛊病的治疗法。由于科学不发达，人们对蛊病谈虎色变，对病的起因不明，普米族相信有所谓蛊病，即认为某些家族养有所谓“蛊”，能危害他人。中“蛊”的人如不治疗，会缓慢地死去。据说蛊分为“蛇蛊”“鼠蛊”“蝴蝶蛊”“马蜂蛊”等若干种。人们中“蛊”的症状是：每到下午腹胀和腹部隐痛、部位不定、腹鸣如雷、腹泻与便秘交替出现，凡出现此类症状即认为是“蛊”病。治疗的方法是：用大狼毒二钱、山乌龟五钱、山萝卜三至五钱、小霸王三至五钱、研末兑黄酒后冲服。其实有关“蛊”病的传说是荒唐的，上述症状用现代医学的观点，完全可以说明它是一种消化系统的病症，而根本没有什么“蛊”病。值得注意的是，历史上普米族人对所谓“蛊”，并不是采用驱鬼一类的迷信办法，而是以服用草药的方式来对待。这说明在一定的历史阶段，科学与迷信是一对孪生姊妹，只有大力发展生产力，普及科学文化知识，才能在民族地区消除所谓“蛊”之类的愚昧观念。各民族从生产、生活中认识到科学知识的重要性才能努力学习科学知识，进而丰富中华民族的传统文化。

天文历算

古往今来，普米族人的视线总会穿过群山，投向浩瀚无垠的长空，竭力探寻那里深藏着的奥秘。仰观宇宙、俯瞰人生，先民们在长期农牧业生产活动中积累了丰富的物候、气象知识，创造了独具特色的天文历法。其中，二十八星宿算法在普米族民间广为流传。二十八宿都是恒星，它们不仅是观测其他日月星辰位置的坐标，有些星宿还是测定方向、岁时及季节的观测对象。吾昔节（新年）又可称星回节，取其星回岁终之意。这种历法每月有二十八天，以室宿或昴宿上中天作为一年之首，时间在阴历十一月初八或十二月初七，正好与普米族新年节时令吻合。

普米族先民在很久以前就知道昼夜交替、四季变换、日月星辰的运行规律，这是最早的天文知识。此外，普米族先民还依据物候来判断季节和气候变化，并将这种知识以谚语（普米语称为“东比”）的形式代代相传。这些谚语已经得到长期验证，广泛运用于生产实践中，是普米族口碑流传的历书。

随着知识的不断积累和认知能力的不断向前发展，普米先民对天文历算有了新的认识。尤其是普米族“韩规”经过长期总结经验，根据普米族居住地理环境的特点，并结合藏历等，撰写了不少天文历算的经典。

“韩规”历算学可归纳为以下四项：

一是“夏加”，即二十八宿星算法。二十八宿在普米族民间广泛流传，还有好多动人的神话故事，这表明其先民早在游牧时代就积累了天文学方面的知识。二十八宿都是恒星，在普米老人看来，它们不仅是观测其他日月星辰位置的坐标，其中有些星宿还是测定方向、岁时以及季节的观测对象。日月运行是“韩规”历算的优点。“韩规”经过多年的观测（主要指观测二十八宿），对恒星月周期已有深刻的认识。这种历法（每月28天），以室宿或昴宿上中天作为一年之首（时间在阴历十一月初八或十二月初七），也正好说明这一问题。不过这种星算学大都局限在“韩规”文化传统盛行地区，未能得到推广。

二是“吾加”，即十二属相纪年法。十二属相也可称十二生肖，普米语称为“吾苦哥尼”。这一历法周期在普米族历法中使用得十分普遍，具体以鼠、牛、虎、兔、龙、蛇、马、羊、猴、鸡、狗、猪为顺序纪年，如此循环往复。倘若计算一个人的岁数，第一循环周期为13岁，其余均以12年为整数相加，如第二周期为25岁，第三周期为37岁，第四周期为49岁，第五周期为61岁，第六周期为73岁……此外，普米族民间还认为，十二属相间存在着对立统一的关系，如对立者为鼠与马、牛与羊、虎与猴、兔与鸡、龙与狗、蛇与猪；统一者为鼠龙猴、鸡牛蛇、狗马虎、猪羊兔。这一历法早期主要是应用于纪年，近代以来，也用它来纪月和纪日。

三是“撒加”，即方位纪年法。由于实际社会活动的需要，人们识别方向知识的产生较早，起先时只是一个粗略的概念，后来才越来越精密，普米族也不例外。宁蒗境内“韩规”确定方位的基本方法是以日出方向为东，日落方向为西，水冷方向为北，火热方向为南。显然，这些都是根据普米族居住区域的特点的经验总结。普米族民间习惯将周围分为八个方向，即东方、东南方、南方、西南方、西方、西北方、北方、东北方。“韩规”在谈到方位时往往也将天上和地下两个方向包括在内，合成十个方位。这种划分方向的方法通常应用于纪日，这与汉族的十天干极为相似。

四是“墅加”，即五行纪年法（也称胜生周纪年法）。普米族“韩规”也使用六十年循环纪年，即以木、火、金、水、土五行各分头尾，故有木头、木尾，火头、火尾，金头、金尾，水头、水尾，土头、土尾。五行共为十项，依次与十二属相一一相配，如木头鼠年、木尾牛年……如此循环往复。每60周年（虚岁为61年）为一周，这与藏历饶迴纪年法几乎是完全一致的。

第八章　历史人物和事件

——不可忘却的纪念

历史人物

一、“期巴雅米甲布”

普米语称祖先为“巴布”，曾祖父为“戎布”，高祖为“戎戎”。从名称中隐约可见普米族是西戎的后裔。据普米族“韩规”经《习卜呆》记载，古代普米族的祖先名“期巴雅米甲布”，他有九子：龙体、打体、尼体、嘎体、热体、白体、卡体、克体、贡体。九子中有一个名叫“西戎早姓”，他的妻子名叫“董初温末”，生了一个儿子名叫“卡罗达卡歪歪”，他的妻子名叫“斯控卡控玛”。“斯控卡控玛”生了四个儿子，分别是“俄迪贡宗”“次迪松布”“雅给奔西”“雅拉迪珠”。“卡罗达卡歪歪”教会人们食野果，吃熟食，学会农耕、放牧、狩猎。他的妻子教会妇女织布缝衣服。传说的祖先九弟兄中，普米是其中四个弟兄。

二、吾弋爰剑

据《汉书·西羌传》记载，秦囚犯吾弋爰剑逃亡到青海深山中，枪打不死、火烧不死。他身上附有神灵。被青海西羌部族推举为领袖。其第三代孙辈有两弟兄，名“忍”和“舞”。“忍”与弟“舞”独留湟中。“忍”的叔父“卬”的后裔牦牛种（越巂羌）迁出青海东部的河湟地区后，先向西迁徙到青海湖以西的玉树地区，其后顺金沙江、雅砻江河谷地带，沿川西高原甘孜州境内向南流动，其中牦牛种之白狼羌演变成为川滇普米西

“吾弋爰剑”

番的先民，而留在湟中的“忍”和“舞”，则演变成青海西番（青海藏族）。这是古史文献中有明文记载的西番族群首次地理大迁徙。

三、卜都各吉

元代，云南宁蒗县永宁地区成为西番人的重要聚居地，元朝指派其首领担任土司职务。明初，永宁土司仍为普米西番人任职。据《土官底簿》永宁土知府载：“卜都各吉，澜沧卫西番人，先系本州土官。”对卜都各吉，民间有不同看法。普米族认为，永宁府土知府之职原为普米族所掌，卜都各吉确为西番人（即普米族），后因本族内争权夺利等纠纷，推举摩梭人任土官。土司按封建制度嫡长子继承要求，有一套严密的谱牒，史载西番首领中也存在着此种系谱。另外，从当时的社会基础来看，卜都各吉管辖的永宁州周围都有西番族分布。在永宁东北部，所设四个长官司也全都是西番人。景泰《云南图经志书》卷四永宁府说；“所辖四长官司多西番。”摩梭人则认为，史书记载有误，卜都各吉应为摩梭人。摩梭达巴（宗教祭师）口授经所背诵的永宁府系谱中，将卜都各吉列为第一任摩梭土官。中华民国年间，永宁土府的家谱中也有类似的记述。摩梭人认为，永宁土知府实行世袭制度，土司之职承袭无替，中华民国时期任职的土司皆为摩梭人，由此可以推知，卜都各吉是摩梭人。严汝娴、王树五所著《普米族简史》载：“对此问题（即永宁土司的族属问题），学术界现有两种看法：一种认为，永宁土司就是摩梭土官被误记为西番人。另一种看法认为早先确是西番人，后因缺嗣招赘纳西头人，引起婚姻血统的变化。我们认为，后一种看法有继续研究的必要。应该承认，在元代，西番族随蒙古军南征有功，他们进入永宁后发展成了一支人口众多较有势力的部族，元朝指派他们的首领担任土司职务是完全可能的。”尤中教授也认为，明代永宁府土知府卜都各吉是西番人，即普米族，永宁土知府是由普米族人担任的。

四、各吉八合

各吉八合为卜都各吉之子，继承父任永宁土

知州。据《土官底簿》记载，卜都各吉之子各吉八合因平定南徼有功，于永乐三年（1405 年）腊月率领“香罗甸”“革甸”“瓦鲁鲁”“喇次和”等四处西番伙头等赴京朝见，得到明朝永乐皇帝的嘉奖。永乐四年（1406 年）永宁州升为府，授各吉八合为土知府，部属“香罗甸”“革甸”“瓦鲁鲁”“喇次和”立为四长官司，其后裔世袭这一职务，一直到中华人民共和国成立。史载永宁府下属四个长官司族属都是西番人，可见，永宁土知府的初始统治者是以西番人为基础的。

历史事件

历史事件对整个社会及个体生命历程具有塑造作用，这种作用表现为历史长河及个体生命历程会因事件的发生而改变方向或人生轨迹。通过对普米族历史规律的梳理，我们合理地揭示普米族社会历史发展规律，有助于更深刻地了解普米族社会历史发展的轨迹。由于普米族历史缺乏完整的成文史表述，我们只能从有限的汉文献记载和存录的口碑传承中还原出影响普米族历史进程的重要人物和事件，拼接出普米族历史发展的全貌。

一、白狼王献歌

秦汉后期，川西南有“白狼”“槃木”“唐菆”等百余国，号称为“户百三十万，人口六百万以上”，以“白狼”为首的百余国，位于大渡河以南，金沙江、雅砻江流域，大雪山从北而南贯穿其境。其地大致分布在今四川甘孜州和凉山州境内，以凉山州（西昌）为中心。东汉明帝永平年间，白狼王唐菆慕化归义，穿越万水千山，远赴京城洛阳，在朝廷赋诗三章，献给汉明帝。此歌词的译文及汉字记音都被完整地保存下来，后被载入《东观汉记》和《后汉书·西南夷列传》里，这就是传诵至今的《白狼歌》。

二、改土归流

改土归流始于明朝中后期，它是一种废除统治民族地区的土司头目世袭，由中央直接派任流官治理地方的制度。土司为土著民族的首领，流官由朝廷中央委派。由于这些外派官员经常更换(一般是三年一换)，调动频繁，所以称为“流官”。改土归流有利于加强中央对西南少数民族聚居地区的统治。清雍正元年(1723年)，丽江实行改土归流，由原来的纳西族土司世袭统治改变为由中央政府委派有一定任期的流官统治。丽江自改土归流以后，废除领主对土地的所有权，土地为百姓所有，并规定土地可以自由买卖。普米族百姓从向土司交纳钱粮改为向地方政府交纳。与此同时，外界的先进文化也就较为容易地输入普米族地区，汉族移民和汉商的大量进入，不仅带来了先进的生产技术，还刺激了商品经济的发展。但是，贫富分化的现象也进一步加剧，产生无地或少地的贫雇农和占有大量土地的地主、富农，高利贷者也同时出现。雇工和出租土地等形式在普米族中也得到发展，从而促使这些地区由领主经济逐渐演变成地主经济。由于与外界接触较多，这些地区普米族人的风俗习惯也受到外界较深的影响。由于特殊原因，历史上宁蒗普米族聚居的永宁土知府和浪蕖土知州，并未实行改土归流。土司制度沿袭到中华人民共和国成立时才废止。

三、族称的确定

普米族称是1961年确认的。族称的确定使普米屹立于世界民族之林。历史上，普米族没有自己的文字，所以没有成文史。在此之前，汉文典籍找不到“普米”这个族称。周围民族对普米的称呼也不一。除分布于云南西北地区的普米外，四川木里、盐源、盐边、冕宁和九龙县的西番也自称普米，中

取水的普米妇女

华人民共和国成立后，正是根据普米有比较统一的自称，国务院正式确定以“普米”作为其族名。普米作为一个单一族称的确定对所有普米族人而言意义重大，这是国家不分民族大小，一律平等政策的光辉体现。普米最终成为祖国大家庭中的一员，从此普米族屹立于世界民族之林。

四、兰坪白族普米族自治县成立

兰坪白族普米族自治县的成立标志着普米人民实现当家作主。经国务院批准，1987 年 11 月 27 日，云南省怒江傈僳族自治州兰坪县易名为兰坪白族普米族自治县，宣告普米族在县级行政区域实行自治。兰坪白族普米族自治县的诞生是国家民族区域自治政策的成功实践，也是国家对普米族这一人口较少民族的重视、关心、尊重、信任。这样，兰坪这一中国最大普米族聚居区的普米人民实现在国家版图上县级行政区域内当家作主的梦想，由此成为普米人民走向团结、幸福、富裕的新起点。

第九章　普米族历史新篇

——文明转折时期的抉择

从西番到普米族

作为一个有悠久历史的古老民族，普米族由于没有自己文字，故没有成文史。汉文典籍也找不到“普米”这个族称，汉史中以“西番”来称呼普米。中华人民共和国成立之初，暂定族名为西番族。然而，西番的范围比普米更广，它包括几个族源相近、语言亦相近的自称单位。普米仅是西番中人数较多的一个支系。历史上，除分布于滇西北地区的丽江、怒江、迪庆外，四川凉山、甘孜的西番也自称普米。

西番一名是至今仍在使用的对普米族以及其

他古羌支系共同的汉称。在汉文典籍中，则是把西番视为一个整体，不加区别。

唐代以来，西番之名也用以称吐蕃，或说吐蕃支系西番的别种，宋代《文献通考》则已分别记载西番与吐蕃的事迹。元初周致中《异域志》已将“西蕃”写成“西番”。

在云南丽江市永胜、华坪等地，西番人在明代已是一个很繁盛的民族。天启《滇志》卷三十载:“西番，永宁、北胜、蒗蕖凡在金沙江北者皆是。”

明代景泰《云南图经志书》卷四《永宁府》说:“所辖四长官司多西番。”

云南维西、兰坪等地的西番见于文献记载较晚，《维西见闻录》说：“巴苴，又名西番，……浪沧江(澜沧江)内有之。”

云南丽江的西番，道光《云南通志》引《丽江府志》说：“西番，一名巴苴……”清初，元、明时期的兰州(今兰坪)并入丽江府，故以上记载包括今怒江州兰坪县，当地的西番人数最多。

历史记载中西番名称的出现及其分布说明，

元、明朝代以后，普米族已经在今天的所在地区分布和繁衍了。文献记载中的西番，其所包括的成分除云南的普米族之外，其余的自称单位现已是藏族的组成部分。只是因为他们在历史上均被统称为西番。至于西番及文献记载中提及的其他称谓，则多系他称。

普米族在历史上的称谓繁多复杂，自称普米，还有多种他称名字。1961 年，国家进行民族识别时，在周总理的亲切关怀下，按照名从主人的命名原则，以普米族聚居人口较多的云南兰坪、宁蒗两地自称名称中确定用“普米”统一命名，废弃汉称“西番”之名，正式确定为普米族，由此加入中华人民共和国民族大家庭。

经济社会的转型

社会变革方面，中华人民共和国成立后，普米族的历史翻开新的一页，进入繁荣发展新时期，普米族聚居区发生翻天覆地的变化。历尽沧桑、苦难深重的普米族人浴火重生。1949 年后，云南普米族聚居区相继解放，现在的云南省丽江市、怒江傈僳族自治州、迪庆藏族自治州共同属于当时的丽江专区管辖。至 1950 年 2 月，普米族聚居的丽江专区全境解放，同年 3 月，中国人民解放军第二野战军四兵团第十四军四十二师进驻丽江专区。同年 5 月，丽江专区所属的 13 个县建立人民政权，废除国民党政府统治时的设治局建制。

1949 年，经滇西北人民政府专员公署批准，在云南兰坪普米族地区建立兰坪县人民政府，县政府驻地金顶镇。1950 年，宁蒗县临时政务委员会成立，宣布宁蒗和平解放。同年 5 月，成立宁蒗县人民政府，驻地永宁皮匠街。1951 年，成立宁蒗县民族民主联合政府。1956 年，宁蒗县民族民主联合政府和凉山彝务办事处合并，并于同年 9 月，成立宁蒗彝族自治县人民委员会，驻地大兴镇，宣告宁蒗彝族自治县正式成立。

云南普米族聚居区成立宁蒗彝族自治县、丽江纳西族自治县、永胜县、维西傈僳族自治县、兰坪白族普米族自治县等县、乡、村各级基层人

1956年，宁蒗彝族自治县成立

民政权，普米族人民在新社会实现当家作主，成为滇西北大地的新主人。尤其是1987年兰坪白族普米族自治县的成立，实现普米族人民在县一级的民族区域自治。

中华人民共和国成立后，在中共中央、国务院的领导下，普米族聚居区进行了以土地改革为中心的民主改革。兰坪普米族地区通过“缓冲土改”，宁蒗普米族地区通过“和平协商民主改革”，丽江、维西等普米族地区通过“内地坝区的土地改革”三种类型，采取不同的方式，实行不同的政策，于1956年前完成了民主改革。通过土改，普米族地区彻底废除了封建农奴制度和封建地主制度，普米族人民同全国各族人民一起实现当家作主的千年梦想。

云南普米族聚居区在进行社会改革的同时，在经济制度方面也进行一系列变革。主要有：在

庆祝云南省怒江傈僳族自治州
兰坪白族普米族自治县成立

农村创办农业生产合作社，实行社会主义改造。1953年，按照中共中央要求，云南普米族聚居区开展了三大改造工作，重点开展农业生产合作社。农村在完成土地改革和“三反”“五反”运动的基础上，通过互助合作，完成了由初级到高级的过渡，基本上完成对农业、个体手工业和私营工商业的社会主义改造。到1957年春，对农业的社会主义改造基本完成。

在实现农业生产合作社的同时，普米族聚居区还兴办信用合作社和供销合作社，把分散的个体工商业者组织起来，实行按行业联合生产，将私营工商业改造成公私合营企业和代购代销商店，基本上完成在所有制方面的社会主义改造。

农业生产合作社的完成，增强了普米族农村抵御自然灾害的能力，加快了农村经济的发展进步，调动了普米族农民的生产积极性。

1958年开始的“大跃进”和“人民公社化”运动，对普米族地区直接过渡到社会主义产生严重影响。1966年开始的“文化大革命”，给普米族人民带来沉重灾难。1978年，中共中央召开十一届三中全会后，给普米族聚居区指出适宜本地区实际情况的农村经济发展形势，即建立家庭联产承包责任制。

普米族地区家庭联产承包责任制的政策是：土地、山林等基本生产资料归集体所有，每个农户家庭分别承包其中的一部分进行生产经营。原属集体的牲畜，全部作价卖给农户。

普米族地区从粮食生产责任制开始，扩展到林业、畜牧业、经作业等多个领域。围绕“家庭联产承包，分户经营”这一中心环节，普米族地区妥善解决了农村自然资源的合理利用和开发问题，释放了农村的生产潜能，激发了农民的生产积极性，是一次生产力的大解放，是普米族地区经济领域的一次深层次变革。

文化生活的变迁

历史上，普米族地区文化事业非常落后，对汉文化接受运用程度较低，没有学校，学龄儿童无学可上。人口中的绝大部分是文盲，终其一生生存在穷乡僻壤、目不识丁，对于人生诸事主要依托约定俗成的习惯法解决，整体文化素养较低，文化生活单调，文化设施空白，文化观念淡薄，宁信鬼神不信科学。这样导致普米族整体文化水平较低。

中华人民共和国成立后，特别是改革开放以来，普米族地区文化事业得到跨越式发展，文化生活发生了翻天覆地的变化。广播、电影、电视、电脑、互联网实现了从无到有，逐步遍及城乡。珍贵的民族文化得到抢救保护和传承，各类学术团体和科研人才层出不穷，医疗卫生事业蒸蒸日上。这一时期，在普米族的历史长河中，不过是如白驹过隙，但却预示着普米族文化事业迎来蓬勃发展的黄金时期。在文学创作方面，人才辈出、成果累累，诗人、作家、编辑、史学家、民族学家、歌唱家、艺术家不断涌现，作品层出不穷，部分普米族作者的文学作品斩获各类文学评比奖项，其中不乏传世之作。

普米族歌唱家茸芭莘那赴国外演出

在清代，云南兰坪普米族地区开始出现私塾学校，一直延续到中华民国末年。中华人民共和国成立后，党和国家在普米族地区积极兴办学校，普米族孩子有了上学的机会。改革开放以来，普米族地区基础教育得到迅速发展，完成“普九”教育，教育观念深入人心，教育基础设施得到极大改善，师资力量得到显著加强，普米族人受教育程度空前提高。

由传统走向现代化

在云南普米族地区，至今仍较为完整地保留着古老传统习俗的印迹，但世上没有亘古未变的事物，可谓风乍起，吹皱一池春水，一切皆在不经意间悄然发生改变。

婚姻形态方面，在旧社会，普遍遵循“媒妁之言、父母之命”“只要敬过罐罐酒，嫁鸡随鸡，嫁狗随狗，嫁给铁树桩也要守三年”，包办婚姻居多，青年男女没有自主选择的余地，大多缺乏感情基础，当然，包办婚姻结不出爱情之花，许多人在失意惨淡中熬过漫长苦涩的婚姻家庭生活，其中不乏抗婚和逃婚者，婚姻悲剧屡见不鲜，留下诸多遗憾，令后人感叹唏嘘不已。在中华人民共和国成立后，这种婚俗被逐渐抛弃。现阶段，普米族传统封闭的婚姻形态正发生嬗变，走向自由恋爱，自主婚姻的开放模式。通婚的范围无限延展，不囿于固定的区域，跨县、跨省的现象普遍发生。通婚的对象选择不仅限于族内，与异族通婚普遍存在。与异族通婚后抚育的后代在体格及素质方面显露出强势和优越性。在发展滞后，社会较为封闭，传统观念浓郁的地方，仍然存在包办婚姻。包办婚姻的通婚范围狭小，如族内通婚、姑舅表婚等，由此造成人种的退化和人口素质的降低。

普米族在历史上通婚范围狭窄，盛行族内婚。除与纳西族（摩梭人）通婚外，一般不与异族缔结婚约。中华人民共和国成立后，普米族人更多地浪迹四方，视野变得开阔，思想变得开放。在择偶对象方面也发生了变化，农村和城镇有所不同，农村主要以族内婚为主，与异族通婚大都仅限于汉族、纳西族（摩梭人）、藏族、白族、傈僳族等民族，与彝族基本不通婚。居住在城镇的人，对择偶对象的民族成分普遍不计较，由多民族组成的家庭比比皆是，但本族内通婚仍然是许多人的首要选择。

中华人民共和国成立后，普米族的家庭以一夫一妻制的父系小家庭为主，父系大家庭已不复存在，母系家庭逐渐衰落，普米族的家庭趋于小型化，平均每户三至五口人，比父系大家庭的人口少多了。在农村，家庭由男子传宗接代，继承财产，女子是外姓之人，因此，男子是当家人，掌握家庭的经济大权。男尊女卑的传统仍若隐若现。在城镇，由于男女双方在经济上相对独立，在家务方面均有一定话语权，角色定位基本上对等。大多数普米家庭若没有特殊原因，一旦举行婚礼，男女会结为终身伴侣，不允许丈夫抛弃和虐待妻子，婚姻关系相对牢固。

中华人民共和国成立以来，普米族人与时俱进，在处理个人、家庭、社会关系方面，显得比历史上更富有智慧和远见卓识。在其核心文化内涵不变的情况下，普米族人对人生的认识转向务实和理性，在传统与现实、民族性与现代化、习惯法与法律之间，努力实现软着陆，浓郁的民俗色彩逐渐淡化，纷繁芜杂的程序趋于简化。普米族传统诞生礼的文化内涵，从对于添丁增口的重视转向重视幼儿教育，包括文化教育，尊老爱幼的礼貌教育，生活技能、习惯法和品德教育。在现今大多数普米族地区仍然举行“穿裙子礼”和“穿裤子礼” 的成人礼，举行成人礼后，小女孩和小男孩算是成人，可以参加生产劳动和社交活动，成为家族的正式成员。从此，男孩女孩要用成人的标准要求自己，分担家庭和社会的责任。

现代普米人的婚礼程序大为简化，在古老传统的庄重肃穆和诙谐诗意的喜庆氛围中，增加对婚姻法、计划生育和人口政策的内容。同样，现今普米族人的葬礼程序大为简化，大都实行火葬，居住在城镇的人，去世后就地火葬，一般葬礼在短期内完成。婚礼、葬礼的程序简化，日渐传递出现代文明的信息。

普米文化伴随着普米儿女的身影，走出家门、走出高原、走向外面的世界。普米文化如同普米族人一样，正被越来越多的人关注、释读、破译。族内族外，无论政府或是民间，都有一股力量在助推着普米文化走向复兴。普米文化震撼人心的再生，穿越群山雪原扑面而来，从中我们看到了这个民族的未来和希望。

参考文献

1. 格勒 . 藏族早期历史与文化 [M]. 北京：商务印书馆，2006.

2. 和士华 . 纳西族的迁徙与融合 [M]. 昆明：云南人民出版社，2007.

3. 胡文明 . 普米研究文集 [M]. 昆明：云南民族出版社，2002.

4. 丽江地区文化局 . 普米族民间歌曲集成 [M]. 昆明：云南民族出版社，1995.

5. 木丽春 . 纳西族通史 [M]. 昆明：云南人民出版社，2006.

6. 熊胜祥 . 普米族故事集成 [M]. 北京：中国民间文艺出版社，1990.

7.《普米族简史》编写组．普米族简史 [M]. 北京：民族出版社，2009.

8. 宋兆麟．泸沽湖畔的普米人 [M]. 昆明：云南教育出版社，2009.

9. 熊胜祥．普米族歌谣集成 [M]. 北京．中国民间文艺出版社，1990.

10. 杨照辉．普米族文学简史 [M]. 昆明：云南民族出版社，1996.

11. 杨照辉．普米族文化探幽 [M]. 昆明：云南民族出版社，2008.

12. 云南省少数民族古籍整理出版规划办公室．普米族祭祀歌 [M]. 昆明：云南民族出版社，1990.

13.［美］约瑟夫·洛克．中国西南古纳西王国 [M]. 昆明：云南美术出版社，2008.

14. 熊德鼎、胡文明．普米族 [M]. 北京：中国人口出版社，2014.

15. 王明珂．羌在汉藏之间 [M]. 上海：上海人民出版社，2003.

16. 和建全 . 普米风物志 [M]. 昆明：云南人民出版社，2015.

17. 和文平 . 智库丽江 [M]. 昆明：云南人民出版社，2017.

18. 西波 · 谷玛 . 盐源藏族谚语 [M]. 昆明：云南人民出版社，2016.

19. 九龙县政协文史资料和学习委员会编 . 九龙普米 [M]. 内部资料，2016.

20. 和丽华 . 维西普米族 [M]. 芒市：德宏民族出版社，2016.

21. 宁蒗彝族自治县志编纂委员会 . 宁蒗彝族自治县志 [M]. 昆明：云南民族出版社，1993.

22. 熊永翔 . 中国普米族宗教研究 [M]. 北京：中国社会科学出版社，2015.

后 记

《普米族史话》是云南省社科联“云南史话”系列丛书之一，受云南省怒江傈僳族自治州社科联胡文明的委托撰写。胡文明草拟提纲，并提供关键部分史料。史话类题材叙述风格较为宽泛活络，但需要多种门类学科的史实作为技术支撑。我们在写作中力求史实与艺术性的统一融汇，更好地增强行文的可读性。本书共分 9 章，涉及普米族自然地理、历史沿革、民族源流、社会组织、习俗传承、文化艺术、现代生活、事件人物等领域。

在撰稿过程中，马红升、胡镜明、熊正永、和学明、偏初里、胡革荣、和建全、马学清、郭建中、熊建举等普米族文化学者给予指导帮助，并提供文史咨询及相关史料。同时，还大量参考和引用国内出版的有关普米族研究的图书资料，为行文方便，引文没有在相关章节中一一注明，而是列入本书后面的“主要参考书目”中，在此特作说明，并谨向被引用论著的作者们表示致谢。

本书图片除部分署名作者外，其余大部分由其他作者提供，在此未能一一注明，向他们谨表谢忱。

自 2018 年初始撰稿以来，已历 6 个春秋，由于采集资料范围不足，水平有限，仍然有诸多不尽如人意之处。敬请给予谅解指正。

熊德鼎

2023 年 10 月于丽江